新时代教育学进展丛书

主编：崔景贵

新时代职业院校
课堂生态及其优化

李德方◎著

知识产权出版社

全国百佳图书出版单位

—北京—

图书在版编目（CIP）数据

新时代职业院校课堂生态及其优化/李德方著. —北京：知识产权出版社，2023.12
ISBN 978-7-5130-9073-5

Ⅰ. ①新… Ⅱ. ①李… Ⅲ. ①职业教育—课堂教学—教学研究—中国 Ⅳ. ①G719.2

中国国家版本馆 CIP 数据核字（2023）第 233101 号

责任编辑：刘亚军   责任校对：谷　洋
封面设计：邵建文   责任印制：孙婷婷

新时代职业院校课堂生态及其优化

李德方　著

出版发行：**知识产权出版社** 有限责任公司		网　　址：http://www.ipph.cn	
社　　址：北京市海淀区气象路 50 号院		邮　　编：100081	
责编电话：010-82000860 转 8342		责编邮箱：731942852@qq.com	
发行电话：010-82000860 转 8101/8102		发行传真：010-82000893/82005070/82000270	
印　　刷：北京中献拓方科技发展有限公司		经　　销：新华书店、各大网上书店及相关专业书店	
开　　本：720mm×1000mm　1/16		印　　张：13.25	
版　　次：2023 年 12 月第 1 版		印　　次：2023 年 12 月第 1 次印刷	
字　　数：256 千字		定　　价：89.00 元	

ISBN 978-7-5130-9073-5

目 录

第一章 绪 论

一、问题的提出

课堂是学生学习、求知的场所，也是师生情感交流和精神成长的空间。职业教育的课堂亦然。在某种程度上而言，课堂是职业院校人才培养的关键，也是职业教育高质量发展的命脉——因为无论是多么美好的顶层设计和先进的课程理念，如果没有教师将其落实到课堂上，均不会起到实效，"课堂改变，学校就会改变"❶。

然而，课堂的重要性似乎与人们对其的关注并不成正比。在我国教学论的学科体系中，由于"没有专门的课堂研究，而把课堂中的教师、学生、教学内容、教学方法、教学组织形式等分别来研究，这样的研究传统也使得我国对课堂的专门研究相对较晚和较少"❷。这种状况在职业教育领域尤其突出，特别是在"创新、协调、绿色、开放、共享"已经成为新时代中国特色社会主义发展理念的今天，基于生态视角的课堂建设理应得到重视和关切，但针对职业教育的课堂生态研究，存在着成果数量少、研究范围窄、高质量成果缺等问题，且已有的研究尚未对现阶段我国职业教育的课堂生态总体情况做出令人信服的科学判断。因此，在倡导职业教育高质量发展的当下，关注并研究职业教育的课堂生态显得紧要而迫切。

二、研究价值

（一）有助于从微观层面把握职业教育样态

《国家职业教育改革实施方案》（国发〔2019〕4号，以下简称

---

❶ 佐藤学. 静悄悄的革命——课堂改变，学校就会改变［M］. 李季湄，译. 北京：教育科学出版社，2014：1.

❷ 王鉴. 课堂研究引论［J］. 教育研究，2003（6）：81.

《职教二十条》）指出，"职业教育与普通教育是两种不同教育类型，具有同等重要地位"。这一论断在又一次肯定职业教育的战略地位和重要作用的同时，第一次在国家层面明确了职业教育的类型定位。毋庸赘言，作为一种类型教育的职业教育自身具有特殊性，这一特殊性提示我们，发展职业教育要遵循职业教育自身的规律特点。在微观层面，作为职业教育课堂要素的学习内容、教法和教师等与其他类型教育的课堂并不一样，有的甚至存在很大差异，因而普通教育课堂研究的已有结论可能并不适用于职业教育。

由于职业教育的人才培养目标是为学生未来的职业发展做好准备，因此职业能力的培养成为课堂教学的重点。从能力的内容范围来看，职业能力包括专业能力、方法能力和社会能力。专业能力是人在专业知识和技能的基础上，在特定方法引导下，按照专业要求有目的地独立解决问题并对结果加以评判的意愿和本领，是劳动者胜任职业工作、赖以生存的核心本领；方法能力常表现为获取新知识、新技能的能力；而社会能力是与他人交往、合作、共同生活和工作的能力，是经历和构建社会关系，感受和理解他人的奉献和冲突，懂得互相理解，并负责任地与他人相处的意愿和本领。[1] 概而言之，职业院校学生需要学习和掌握的是工作过程知识（work process knowledge），这种知识是工作过程直接需要的（区别于理论知识）、在工作过程中自我获得的知识，它是在成功确立工作目标、制订计划、实施计划及评价工作成果的工作情境中积累的。[2] 这样的学习内容内在地决定了职业教育的教法与其他类型教育的不同。诚如西班牙著名学者奥尔特加·加塞特（Ortega Y. Gasset）曾经打过的一个比方，"如果未来的医生在学习治疗疾病，他需要了解他那个时代的生物学系统，但他不需要成为一个训练有素的生物学家……否则他只会使科学流于平庸。如果一个人想成为一位中等学校的历史学教师，而大学却试图把他培养成一位历史学家，大学这样的做法对他的发

---

[1] 赵志群. 职业教育学习新概念 [M]. 2 版. 北京：北京师范大学出版社，2021：12-13.

[2] Fischer M. Vonder Arbeitserfahrung zum Arbeitsprozesswissens, Opladen, Leske + Budrich, 2000：121. 转引自赵志群. 职业教育学习新概念 [M]. 2 版. 北京：北京师范大学出版社，2021：23.

展则是一场灾难，因为大学将偏离最佳地训练他成为专业人士的目的"❶。如果承认这样的分析合理，那么不难发现目前的职业院校需要实施教法改革，即需要实现教学场所的空间形态由传统的教室向"教室＋车间"转变；需要在组织方式上，由班级授课制向学习（项目）小组制转变；需要在教学方式上，由教师理论讲授为主向学做一体、边学边做转变；需要在学习内容上，由先理论、后实践，向以项目为载体、理实一体化转变，努力实现师生主体的多元与共生、教学内容和方法的有机与适切、教学环境的适度与开放，达到"学和做""师和生""内和外"的有机统一。❷

职业教育的上述特征也对职业院校的教师提出了新的要求。换言之，职业院校的教师除了常规的作为学生学习指导者的身份，还要能成为作为"主持人"的教师和作为学生成长的"引路人"。主持人是指在一个相对固定的节目中具备采、编、播、控等多种业务能力的个人。职业教育学习内容和教法使得职业院校的课堂堪比一个舞台，舞台剧是否精彩，主持人的作用非常关键。概言之，作为主持人的教师需要采集学习素材、编辑学习内容、发起学习行动、引导学习进程、提供学习支持等。而作为学生成长"引路人"的教师角色，对于成功的职业教育十分重要。一方面，中职学生和高职学生正处于人生成长的过渡期、关键期和敏感期，教师的教育引导十分重要；更为特殊的是，目前接受职业教育的学生，大多是学业竞争中的失利者，他们的自我认同感总体处于低位水平。根据某高职校 860 名学生的问卷调查，针对题项"您是否认为自己是高考失败者"，有 40.7% 的学生回答是肯定的；就题项"您是否满意自己目前的学业状态"，有 43.2% 的学生回答不满意；就题项"您是否会主动跟人提及自己的高职学生身份"，有 63.1% 的学生回答是不会，有 53.5% 的学生认为高职生身份"尴尬"；就题项"您是否经常感到焦虑"，有 38.8% 的学生回答是肯定的。❸ 这就对职业院校的教

---

❶ 宙斯·奥尔特加·加塞特. 大学的使命 [M]. 徐小洲、陈军，译. 杭州：浙江教育出版社，2001：51. 转引自龚放. 柏林大学观的当代价值：纪念德国柏林大学创建 200 周年 [J]. 高等教育研究，2010（10）：107.

❷ 李德方. 培养享受工作的人：怀特海技术教育目标及启示 [J]. 职教发展研究，2021（1）：6.

❸ 徐叶，朱凤荣. 高职院校学生自我认同危机及应对策略 [J]. 扬州教育学院学报，2018（9）：73.

师提出了更高的要求，因为"一个学校的最后成功，就靠教师，无论宗旨怎样明定，课程怎样有系统，训育怎样研有素，校风怎样良善，要是教师不得力，成功还没有把握"❶。故而，中共中央、国务院发布《关于全面深化新时代教师队伍建设改革的意见》，以广东为代表的省级区域和重庆市的长江师范学院、江苏省的江苏理工学院等为代表的高校，纷纷提出并启动"新师范""新职师"建设❷，实为一种必要。

（二）有助于从生态视角审视职业教育教学环境

教学环境是一个由多种不同要素构成的复杂系统。广义的教学环境是指影响学校教学活动的全部条件（包括物质的和精神的），狭义的教学环境特指班级内影响教学的全部条件，包括班级规模、座位模式、班级气氛、师生关系等。教学环境最初的实践者是意大利幼儿教育学家蒙台梭利。她的教育法建立在对儿童的创造性潜力、儿童的学习动机及作为一个个人的权利的信念的基础之上。蒙台梭利教育的最大特色是对环境设计的重视，它是为了满足儿童的需要及自我建构所设计的。

众所周知，改革开放以来，我国的职业教育虽发展速度快、整体规模大，但一直没有摆脱质量不高、吸引力不强的窠臼。其原因固然很多，有一种观点把责任归咎于职业院校学生的基础不好、方法欠妥、缺乏动力。越来越多的实证研究表明，"职业学校学生与普通高中生在学习积极性方面并没有显著差异"❸，相对而言，来自教师、课程、教法等的不妥更是主因。特别是我们在教育教学中对教学环境没有高度重视，尤其是对环境中的主体之一的学生重视程度不够，以至于有人认为中国目前的职业教育是"目中无人的教育"。真正的教育者需在学生和伟大的思想之间形成一种持久的关系，这就是使教育变成不朽的事业的缘由。教育者必须明白，其实每一个学生都是重要的，每一个学生又都是独特的，他们对自己的需求有着深刻的理解，对周围的世界有着自己与众不同的解读。❹我们之所以对职业院校的学生不够重视乃至形成偏

---

❶ 周建松，陈正江. 高职院校"三教"改革：背景、内涵与路径 [J]. 中国大学教学，2019（9）：89.

❷ 李德方. "新师范"的时代意蕴、现实困境与实践路径 [J]. 江苏高教，2021（4）：6.

❸ 赵志群. 职业教育学习新概念 [M]. 2版. 北京：北京师范大学出版社，2021：27.

❹ 汪霞. 我们的课堂生态了吗 [J]. 全球教育展望，2005（5）：20.

见，说到底是人们的认识出现了谬误，是教育的环境出现了问题。"在教育中，这种谬误采取的形式则是对技术训练持平庸的观点"❶，而事实上，职业教育不是"一种不幸由于生活条件限制而必须进行的有缺陷的训练"❷，更不是二流教育，"它是你在进行思考时的创造性的体验，是实现你的想法的体验，是教你协调行动和思维的体验，是引导你把思维和预见、把预见和成就结合起来的体验。技术教育提供理论、并训练敏锐的洞察力来判断理论将在何处失去作用"❸。职业教育十分重要，正如《意见》所说，"职业教育是国民教育体系和人力资源开发的重要组成部分，肩负着培养多样化人才、传承技术技能、促进就业创业的重要职责"。接受职业教育的学生尽管中考或高考入学考试成绩不占优势，但丝毫不影响他们同样是人才。"德国和瑞士约一半人口接受双元制学徒教育，并在工商界甚至政界获得了晋升机会"❹ 就是一个最好的证明。因此，我们需要研究并正视制约职教高质量发展的真正问题所在，"要改进一个教师的课堂，不一定要直接提升教师的个人素质，也不一定要提高教师的教学技巧，而是可以改变教学情境"❺，对职业院校课堂生态的研究正是改善环境的前提基础。

（三）有助于从整体角度着眼人才培养质量提升

从系统论的角度说，生态系统是一个真实不枉的自然整体，是某种高于其有机个体成员的组织，是一个呈现着美丽、稳定和完整的生命共同体。❻ 事实上，一切生存之物都有依赖性，世界上根本不存在完全独立的生命。道理非常简单，生物如果不和外界交换能量和物质是无法生存的。课堂生态系统也是如此，组成课堂的各个要素既相互独立、自成

---

❶ 怀特海. 教育与科学理性的功能［M］. 黄铭，译. 郑州：大象出版社，2010：57. 转引自李德方. 培养享受工作的人：怀特海技术教育目标及启示［J］. 职教发展研究，2021（1）：3.

❷ 怀特海. 教育的目的［M］. 庄莲平，王立中，译注. 上海：文汇出版社，2012：73，72. 转引自李德方. 培养享受工作的人：怀特海技术教育目标及启示［J］. 职教发展研究，2021（1）：3.

❸ 怀特海. 教育的目的［M］. 庄莲平，王立中，译注. 上海：文汇出版社，2012：73，72. 转引自李德方. 培养享受工作的人：怀特海技术教育目标及启示［J］. 职教发展研究，2021（1）：3.

❹ 赵志群. 职业教育学习新概念［M］. 2版. 北京：北京师范大学出版社，2021：117.

❺ 康永久. 教育学原理五讲［M］. 北京：人民教育出版社，2016：466.

❻ 汪霞. 我们的课堂生态了吗［J］. 全球教育展望，2005（5）：18.

一体，又彼此关联、有序共生，共同构成课程与教学活动单元。某种程度上而言，职业院校课堂生态研究，是科学认识的生态学途径运用于职业教育领域的有益尝试，这样的尝试有助于避免既往单向维度探讨教师教学、学生学习和物质条件等影响的传统惯习，代之以从整体上着眼人才培养质量提升，这就为系统解决职业教育高质量发展问题提供了一种新的方案与新的可能。这样的一种系统观需要"我们优先考虑孩子们的幸福，认真地对待年轻人，始终能从孩子们的角度来考虑教育方面的问题"❶，也就是要基于"关心哲学"的人才培养，"教师们与所有孩子一起工作，在共同关心的领域内进行统一教学"，同时"对各种关心领域的重视和能力的开发必须要考虑由于种族、性别、民族和宗教而导致的各种差异，由此产生的各种见解和主张也必须得到及时的尊重和富有建设性的处理"，不仅要"尊重孩子们所显示的各种才能以及他们后来所从事的各种职业，我们还要深切地关心他们"。❷ 正如美国职业教育学者勒维克（Leveque）从存在主义视角所指出的，职业教育的目的在于帮助个体"发展内在的自我"，"使学生成为具有真正人格的个体"，实现对"工作意义的自我认知及自觉"，"视工作体验为个人生命计划中的一部分"❸ ——说到底，学习和工作都是手段，生活才是目的，追求幸福完满的生活乃是职业教育高质量发展的内在要义。

三、研究综述

对课堂生态最早的探索源自 20 世纪 30 年代。几十年来，各国研究者围绕课堂生态的结构要素、基本特征和优化策略等开展了大量的研究，涉及如下的主要领域及代表性成果。

（一）代表性研究

1. 界定分析了课堂生态的概念及其内涵

作为一个科学概念，"生态"一词由德国动物学家海克尔（E.

---

❶ 马克斯·范梅南. 教学机智：教育智慧的意蕴［M］. 2 版. 李树英，译. 北京：教育科学出版社，2014：1.

❷ 内尔·诺丁斯. 学会关心：教育的另一种模式［M］. 2 版. 于天龙，译. 北京：教育科学出版社，2011：75.

❸ 陈鹏，庞学光. 培养完满的职业人：关于现代职业教育的理论构思［J］. 教育研究，2013（1）：102.

Haeckel）于 1866 年所提出，指称它是"有机体与周围环境之间的关系"。而此后兴起的生态学主要研究生命有机体与其周围环境之间的相互关系，其本质"就是一门关系学"。1932 年，美国学者沃勒（W. Waller）在研究教育社会学时首提"课堂生态"这个概念。1969 年，美国学者惠特克（Whittaker）则将生态学从自然学科拓展到社会学科。1975 年，多伊尔（W. Doyle）和庞德（G. Ponder）将课堂生态定义为"对教学环境产生影响的互相联系的过程和事件所形成的网络"[1]。进入 21 世纪，中国学者也从各自不同的角度对课堂生态进行了概念界定（关文信，2003；王华良，2003；窦福良，2003；沈双一、陈春梅，2004；孙芙蓉，2011）。课堂生态的基本内涵为"生命"与"关联"，是课堂时空内生命体之间及其和环境之间的关联（谢利民，2000；孙芙蓉，2011）；也指师生进行教学活动的动机、活力、成效等产生影响的课堂环境，主要包括自然生态、人际生态和心理生态等（刘兴然，2014）。

2. 探讨了课堂生态的结构要素和基本特征

1975 年，阿加德（Agard）研究了三类课堂，即常规课堂、资源课堂和设备齐全的课堂，强调了包括单个的和彼此互动在内的生态特征对学生产生的不同影响；1978 年，沃伦和韦德尔（Warren & Wedel）通过研究发现，当前为智障儿童提供的设备并没有基于已有的对儿童和教师行为产生影响的环境变量的经验性研究成果。研究认为需要更好地界定构成幼儿园课堂中的关系智障儿童的课堂物理生态（physical ecology of classroom）及其构成的五个生态变量：课堂中的成人、课堂内儿童的分组、建筑变量、时刻表和教材的选择和安排；艾利森（Ellison）、博依金（Boykin）、汤斯（Towns）和斯托克斯（Stokes）在对低收入非裔美国儿童的课堂生活研究中运用了"课堂文化生态"（classroom cultural ecology）这一概念，并界定了其所包含的五方面的内容；[2] 国内学者的研究主要有二要素说，即自然生态和文化生态（杜亚丽、陈旭远，2010）；三要素说，包括客体性课堂生态环境、派生性课堂生态环境和

[1] Doyle W, Ponder G. Classroom Ecology: Some Concerns about a Neglected Dimension of Research on Teaching [J]. Contemporary Education, 1975, 46（3）. 转引自孙芙蓉. 课堂生态研究 [M]. 杭州：浙江大学出版社，2013：16.

[2] 孙芙蓉，谢利民. 国外课堂生态研究及启示 [J]. 比较教育研究，2006（10）：89.

客体性课堂生态主体（李森，2005）；四要素说，即知识生产者、知识消费者、知识本体和教学活动方式（王紫斌，2013）。对课堂生态基本特征的探讨尽管角度不同、认识不一，但大多遵循从生态系统的基本特征出发，结合课堂的特点进行分析并提炼的理路。汪霞（2005）从哲学层面出发，认为从笛卡尔、牛顿世界观到生态世界观的转变，不仅是一种理论提升、哲学转向，更是人类可持续发展的需要，并在此基础上提出了生态具有生命及其多样性、整体性、开放性和共生性等特征；❶刘志峰、智延生（2010）运用生态系统理论分析课堂教育教学活动，并指出课堂生态系统具有复杂多元的要素形态表征、有序稳定的结构形态表征、适应互动的功能形态表征、有机综合的价值形态表征和稳定有序的组织形态表征等特征；❷宋铁花（2013）研究认为课堂生态具有整体性、开放性、协同性、生命性和可持续性等特征。❸

3. 对课堂中的教师和学生行为生态的研究

关于这方面的研究主要集中在特殊教育和基础教育领域。沃克（H. M. Walker）认为，教师社会行为标准和期望是课堂生态的决定因素；瑞思（H. Rieth）指出，如果教师能在更大范围的空间内进行教育，学生就有更高的学习参与度；杜克斯和沙德格斯（M. Dukes & R. A. Saudargus）等的研究表明，教师对学习能力低下学生的评估偏见会减弱课堂生态的效果，而教师如果能以学习者为中心引导学生学习，学生就能获得更高的学业成就。此外，泰勒（R. M. Tyler）等研究者对学生行为生态也进行了探讨。

4. 课堂环境对学习效果的影响研究

主要集中于教室内的空间布置和座位安排等方面对学习效果产生的影响。国外的典型研究有：克兰茨和赖斯利（P. J. Krantz & T. R. Risley，1972）的研究发现，儿童座位过于拥挤将会使儿童对教师或教育材料的注意力显著减少，❹拥有前排位置的学生比坐在后排的学生能获得更高

---

❶ 汪霞. 我们的课堂生态了吗 [J]. 全球教育展望，2005（5）：17.

❷ 刘志峰，智延生. 课堂生态系统的形态表征分析 [J]. 教育探索，2010（6）：45.

❸ 宋铁花. 地方院校大学英语课堂教学生态化初探 [J]. 中国大学教学，2013（12）：62–63.

❹ Krantz P J, Risley T R. The Organization of Group Care Environments：Behavioral Ecology in the Classroom. Paper Presented at the Annual Convention of the American Psychological Association（80th，Honolulu，Hawaii，September 2–8，1972）. 转引自孙芙蓉，谢利民. 国外课堂生态研究及启示 [J]. 比较教育研究，2006（10）：89.

的成绩等级，但座位密度、坐在过道、教室中间则对成绩没有影响（W. B. Holliman & H. N. Anderson，1986）。❶ 马歇尔和罗森茨（P. D. Marshall & M. M. Losonczy）的一个为期 15 年、基于 70 个班级、1829 位学生的研究发现：在教学中，五种不同座位形态（按行、按列、教室前面对教室后面、教室中间对教室周围、教室中间对教室两边）对成绩级别和出勤率有不同影响，其中坐在中心位置的学生比那些坐在非中心位置的学生有更高的成绩级别和出勤率，女性的出勤率比男性更高，但是两者在成绩级别上没有显著差异。❷

国内学者在这方面的研究总体偏少，比较典型的研究有汪霞（2001）通过案例实录的方式，研究某中小学课堂因班级人数太多而导致的环境困境。"班级人数 70 左右"，"教室的最后一排，学生贴墙而坐"，"学生入座需抬腿跨进座位，无法走进座位"，❸ 这也在一定程度上反映了我国教育领域对课堂生态研究的实际情况。

5. 课堂生态存在的问题及优化研究

这是国内学者关注的重点。汪霞（2001）通过对若干个案实例的描述，指出国内从小学到普通高中课堂中存在的种种问题。解决这些问题需要从两个方面着手：一是要注重系统观、生态观，促使课堂与自然社会的关系发生转变，强调关联而避免相互割裂；二是要促使课堂生态的改善，通过转变课堂教学生态中的师生行为，平衡课堂群体生态，避免"花盆效应"，建设耐度生态空间环境，使教师与学生成为合作的探索者、平等的对话者；黎琼锋和李辉（2006）基于基础教育课程改革的背景分析，指出当前的课堂存在明显固化的知识教育、极度压抑的个性特点以及逐渐失衡的群体关系等问题，这些问题共同指向"被忽视的课堂生态"这一现象；刘景忠（2016）分析了我国高职院校课堂生态的问题，主要有学习驱动力有着较强的功利性、教师在课堂中的"经

---

❶ Holliman W B, Anderson H N. Proximity and Student Density as Ecological Variables in a College Classroom. Teaching of Psychology, 1986, 13（4）：200 - 203. 转引自孙芙蓉，谢利民. 国外课堂生态研究及启示 [J]. 比较教育研究，2006（10）：89.

❷ Marshall P D, Losonczy M M. Classroom Ecology：Relations Between Seating Location, Performance, and Attendance. Psychological Reports, 2010, 107（2）. 转引自孙芙蓉. 课堂生态研究 [M]. 杭州：浙江大学出版社，2013：24.

❸ 汪霞. 一种后现代课堂观：关注课堂生态 [J]. 全球教育展望，2001（10）：51.

师"作用凸显而"人师"作用弱化、教师专业发展的动力主要依赖职称晋升和考核考评等外部因素等。❶

6. 课堂生态的优化目标研究

作为一种理想形态的课堂生态，建构"学习共同体"是中外学者共同的追求。所谓"学习共同体"是在班级教育活动中以共同愿景、价值和情感为基础，以真实任务为核心，师生、生生之间持续的深层合作和互动，共同成长、共同进步的学习组织与精神追求（潘洪建，2013），而高职院校课堂"学习共同体"应注重教学过程的交互性、教学内容的生活性、教学方式的体验性（朱正平，2015），构建"学习共同体"的关键是强化人际关系意识、提升师生关系层级、发展教师处理师生关系所需要的关系软实力（夏纪梅，2018）。无独有偶，日本学者佐藤学通过研究也提出了同样的观点，解决日本基础教育中存在的"统一授课""静坐独学""竞争应试"为主要特征的应试教育倾向问题，应探讨并实践基于杜威的"共同体"理念和诺丁斯的"关怀伦理"的学习共同体。❷

国内外的研究大体上沿着以下三个方向发展：一是在研究对象上，继续吸收生态学的前沿理论和方法，从局部的课堂生态研究向整体的网络化研究发展，即从目前分别研究课堂生态主体的师生和客体的环境研究，向整体的课堂生态系统研究转变；二是在研究内容上，从目前的课堂生态结构、功能与要素等的研究，向课堂生态结构和功能的调控和优化研究发展；三是在研究方法上，逐步由定性描述研究为主向定量研究和生态建模方向发展。

（二）研究述评

纵观上述国内外的课堂生态研究，可以看出研究的范围广、涉及的领域多，为现实中的职业院校课堂生态的研究与优化打下了较为坚实的理论基础和可资参照的比较数据。也存在着如下不足：一是在研究对象上，已有研究关注更多的是幼儿教育、基础教育和特殊教育的课堂生态，

---

❶ 刘景忠. 高职院校课堂生态刍议［J］. 江苏教育（职业教育），2016（5）：38-39.
❷ 陈静静. 佐藤学"学习共同体"教育改革方案与启示［J］. 全球教育展望，2018（6）：79.

对职业教育领域的课堂生态研究，除了个别一线教育工作者的经验论述，尚没有对这一主题的专业性研究，也没有发现对职业院校课堂生态概念内涵等基本问题的研究；二是在研究方法上，相对国外同类研究注重规范的实证研究与定量分析，国内的相关研究更多的是传统的思辨研究与经验性总结。另外，从研究发展趋势看，国内关于课堂生态的研究应逐步转向课堂生态的优化目标、策略与路径，并综合运用多种研究方法，尤其需要注重实证研究与定量分析。目前学界在这方面的研究比较薄弱，相关成果也比较少。有鉴于此，本研究将在这些方面进行尝试与探究。

四、研究思路与方法

（一）研究思路

本研究首先从职业院校课堂生态的本体论入手，在学理性认识的基础上，实证其事实性存在与规律性特点，最终落实于改进实践层面研究对象的现状。

具体而言，本研究遵循"理论研究—实证研究—行动研究"的逻辑思路。理论研究即是一种对内涵的掘思与辨析，探讨职业院校课堂生态是什么的问题；实证研究即用数据（定性的和定量的）回答现阶段职业院校的课堂生态怎么样的问题；行动研究即从关注现实中的不同类型职业院校的实际，基于"理想类型"的视角，探讨如何从实践层面更好地施策，以实现改进、优化职业院校课堂生态的初衷与目标。

（二）研究方法

课堂生态研究本质上属于教育生态学的微观研究，因而通常采用自然主义的方法，即扎根于现实课堂的观察法、问卷法和访谈法等。有学者受民族志方法的启迪，将这一方法称为课堂志，并指出了其具有的四个特点：它是一种微观的、质性的、直观的和描述性的研究。❶ 本研究主要采用这种方法，还采用了文献研究法和案例研究法。

1. 课堂志研究方法

课堂志作为一种研究方法，它和人类学中的"人种志"或"民族

---

❶ 王鉴. 从学术殿堂走进生活世界："课堂志"研究的方法与案例［J］. 社会科学战线，2013（7）：224.

志"是相同的，是一种观察记录、参与体验的研究方法。❶ 事实上，课堂志研究方法并不是一种独立的方法，而是包含多种方法的一种集合，主要包括课堂观察、问卷调查和访谈调查等。

（1）课堂观察

观察是指有目的地查看事物或现象，课堂观察顾名思义是研究者通过自己的感官（眼、耳）以及其他辅助设备（摄像机、录音机）对课堂进行察看，以把握课堂开展的活动或发生的事件情况。根据观察者是否直接参与被观察者所进行的活动，可以分为参与观察法和非参与观察法两类。参与观察法（Participant observation）是指观察者参与观察对象的活动之中，从内部进行观察。非参与观察（Non – Participant observation）一般不要求观察者直接融入被观察者的日常活动之中，而是观察者通常作为旁观者观察、了解活动的情况，关注事态的发展。通常用摄像机对现场进行录像，然后在事后进行分析讨论。❷ 显而易见的是，参与观察和非参与观察各有利弊，前者由于观察者直接介入课堂中，甚至与课堂原有主体融为一体，因而观察的范围往往更大，特别是其身历其境的优势，使观察者能够观察到即时发生的、短瞬即逝的、不易观察的细节。但这种观察方法对观察者往往要求较高，最好能够接受过专门的观察训练，能够掌握记录观察的方式方法。同时也比较费时费力；后者的优势与不足则刚好与前者相反。实际使用时往往两种方法兼顾使用，扬各自所长避两种之短，达到优化的目的。鉴于本研究的对象和目的，课堂观察是主要方法。

（2）问卷调查

以书面形式提出问题的方式进行资料搜集的研究方法。这里记载问题的书面工具即为问卷，是根据一定的规则和方法编制的测量工具。根据问卷填写方式的不同，可以分为自填式问卷和访谈式问卷。自填式问卷即我们常见的被调查者独立填写的问卷。访谈式问卷是指由于调查对象没有足够的阅读能力，或者为了督促调查对象认真填写，调查者与被调查者之间采取一个读题和记录、另一个答题的方式进行问卷填写。❸

---

❶ 王鉴. 课堂志：作为教学研究的方法论与方法 [J]. 教育研究，2018（9）：122 – 123.

❷ 王鉴. 课堂研究引论 [J]. 教育研究，2003（6）：83.

❸ 张红霞. 教育科学研究方法 [M]. 北京：教育科学出版社，2009：187 – 188.

由于调查范围（问题）的广泛性、调查实施的灵活性以及调查过程的经济性等显著特点，问卷调查被广泛使用。当然，从提高研究的信度和效度着眼，问卷设计是非常关键的环节，包括问卷的结构设计、问卷的题项（问题）设计和问卷的作答（填写）方法设计等。问卷的结构反映问卷中各种变量之间的关系状态，它内在地决定了问卷质量的高低。良好的问卷结构能够使得测量的问题与维度之间、不同的维度与测量目的之间有着紧密的逻辑关联。同时，问卷题项要求表述严谨准确、简练清晰、长度适宜。

本研究在调查不同职业院校学生对各自课堂生态的状况时使用了问卷调查。

（3）访谈调查

这是社会调查中最古老、最常用的方法之一。通过与调查对象进行交谈，进而达到收集信息、数据和其他资料的目的。

访谈调查的形式多样。第一，根据访谈者与被访谈者是否直接见面，分为当面访谈、电话访谈和书面访谈等。当面访谈就是双方面对面进行交流问答，电话访谈是指通过有线或无线电话以及微信等现代通信方式开展访谈，书面访谈则是将需要受访者回答的问题事先提供给对方并由访谈对象书面作答。第二，根据受访人数的多寡分为个体（个别）访谈和团体访谈。前者顾名思义访谈对象是一个人，后者则为二人及以上受访者同时接受访谈。第三，根据访谈问题的类型分为结构性访谈、半结构性访谈和非结构性访谈三类。结构性访谈是指按照统一的设计要求而进行的访谈，也称为标准化访谈。其对访谈对象的选择标准和方法、访谈中提出的问题、提问的方式和顺序、被访者回答的方式、访谈记录的方式等都有统一的要求，有时甚至对于访谈人员的选择以及访谈的时间、地点、周围环境等外部条件也要求保持一致。这样做的目的在于确保答案总体上可靠，并确信不同样本群之间或不同测量周期之间具有可比性。与要求比较严格的结构化访谈相比，半结构化访谈更为常用。半结构性访谈是指访谈提纲中的部分问题是封闭性的问题，部分是开放性的问题。❶ 非结构性访谈又称"非标准化访谈""非定式访谈"

---

❶ 张红霞. 教育科学研究方法［M］. 北京：教育科学出版社，2009：250.

"无结构式访谈"。由访谈者与访谈对象围绕某一主题或领域开展自由交谈，在此过程中没有特定的问题或限制，具体问题可在访谈过程中形成并根据访谈内容灵活调整。

访谈调查有时也作为问卷调查资料搜集的一种补充，即针对上述问卷调查中出现的尚不十分清楚的问题，以及需要进一步深入了解的问题等，选择有代表性的调查对象进行面对面地直接交谈，以便挖掘出背后的"实在"。

2. 文献研究法

指通过搜集、鉴别、整理文献，并在此基础上进行分析进而形成对事实的认识和规律的把握。文献法是一种既古老又富有生命力的科学研究方法，也是一种行之有效的研究手段。这里的"文献"既包括记录事实、现象和事件的文本、档案与文件资料等第一手资料，也包括已经正式出版的论文、著作等研究成果。文献研究既可以采用定性的方法，也可以采用定量的方法，或定性和定量两者兼用的方法。其研究过程通常包括五个基本环节，分别是：提出课题或假设、研究设计、搜集文献、整理文献和进行文献综述。提出课题或假设是指依据现有的理论、事实和需要，对有关文献进行分析整理或重新归类研究的构思。研究设计首先要建立研究目标，研究目标是指使用可操作的定义方式，将课题或假设的内容设计成具体的、可以操作的、可以重复的文献研究活动，它能解决专门的问题和具有一定的意义。❶

3. 案例研究法

案例研究最早可以追溯到 19 世纪，其时的美国面临着传统教学法不能适应快速变化的法律教育，当时担任哈佛大学法学院院长的兰德尔认为，"法律条文的意义在几个世纪以来的案例中得以扩展。这种发展大体上可以通过一系列的案例来追寻"，由此揭开了案例研究法的序幕。

案例研究首先面对的问题是怎样选择典型案例——是选择单一案例还是多个案例，其主要的判断标准取决于研究的对象和需要回答的问题，也与研究的时间和条件有关。换言之，如果单一案例能够为实现特

---

❶ 百度百科，文献研究法［EB/OL］. https：//baike. baidu. com/item/% E6% 96% 87% E7% 8C% AE% E7% A0% 94% E7% A9% B6% E6% B3% 95/3668258？fr = aladdin.

定的研究目的提供有意义的数据支撑，也能代表研究对象的整体属性，则单一案例也是很好的选择。反之则要扩展案例的数量和类型。本研究主要探讨职业院校课堂生态，而职业院校的类型多样，基于这样的情况，选择了主要院校类型中的典型作为案例对象，分别是中职学校和五年一贯制高职学校。

案例研究其次需要明确的是案例单位（entity）如何确定。所谓案例单位，即研究对象及其密不可分的生存环境的整体，是研究者可能进入的空间区域。一个案例单位就是一个系统。这个系统可以是空间意义上的，也可以理解为由抽象的有关因素组成的系统。案例单位可大可小，可以是一个人（教师、学生）、一个组织（学校、班级）、一个地区（某市、县）。❶ 需要说明的是，案例单位的边界或系统的边界不是固定不变的，也有可能在研究的初期是模糊的，随着研究的逐步开展和深入而得到拓展和确定。就本研究而言，"课堂"显而易见就是案例单位，但其边界则延伸到与之密切关联的学校、教师以及学生及其群体等。

研究思路与方法示意见图 1-1。

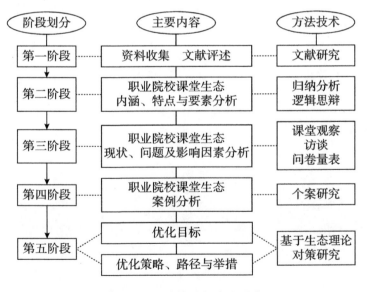

图 1-1　研究思路与方法示意

---

❶ 张红霞．教育科学研究方法［M］．北京：教育科学出版社，2009：401.

五、本书的篇章结构

本书共有七章，第一章是绪论，简要介绍研究的缘由、研究的目的和意义、国内外已有同类研究的历史经纬和发展现状及趋势、研究思路与方法等；第二章为理论分析，阐释了核心概念、职业院校课堂生态的构成要素、特点与功能，为后续研究奠定了理论基础；第三章分析了职业院校课堂生态的影响因素，同时基于系统动力学的视角详细描述了各相关因子的组成及作用；第四章是现状分析，运用课堂志的研究方法，通过一所典型职业院校的现状研究，探讨了现阶段我国职业院校课堂生态的实然现状、存在问题及其原因；第五章为案例研究，对两所典型职业院校课堂生态进行了案例研究并分析了其成效得失及启示；第六章和第七章分别在前面分析基础上，基于"理想类型"视角，建构了新时代职业院校课堂生态优化目标、策略、路径和举措。

第二章　职业院校课堂生态基本理论

一、核心概念

概念是在人类所认知的思维体系中最基本的单位，是人们在认识过程中，从感性认识上升到理性认识，把所感知事物的共同本质特点抽象出来并加以概括而形成的一种表达。只有把概念界定清楚了，才不会使众人对同一个事物而产生歧义，进而达到正确的理解和认识。其中，反映认识对象的本质属性的主要概念即为核心概念。

（一）新时代

时代是一个时间概念，通常指依据不同的社会状况而划分的某个时期。比如石器时代、奴隶时代、封建时代、社会主义时代等。显而易见的是，不同的时代有着不一样的社会样态，这一不同或是经济、或是政治、或是文化，或是这几个方面均有所不同。尽管如此，当前一个时代发展或过渡到下一个时代时，往往既有差异性也有继承性，即新、旧时代之间是有紧密联系的。判断时代的变化往往有着标志性的事件、特征或符号。历史上的朝代更替、生产方式的革新以及主要矛盾的变化等均可能成为新旧时代的分水岭。

本书的"新时代"是一个特指，全称是"中国特色社会主义新时代"。它既是一个时间概念，又是一个方位概念。作为时间概念的新时代，指的是从 2012 年 11 月在北京召开的中国共产党第十八次全国代表大会开始，中国特色社会主义进入新时代；作为方位概念的新时代，是指中国共产党带领全国各族人民承前启后、继往开来、在新的历史条件下实现中华民族伟大复兴这一近代以来中华民族最伟大梦想的时代。

历史唯物主义认为，社会主要矛盾是时代变革的基本动力和显著标识，构成时代划分的根本尺度。社会主要矛盾不变，则时代不变；社会主要矛盾发生变化，时代必发生变化。中国共产党第十九次全国代表大会报告正是基于中国社会主要矛盾"由人们日益增长的物质文化需要同落后的社会生产之间的矛盾转化为人民日益增长的美好生活需要和不平衡不充分的发展之间的矛盾"的变化，而向全世界庄严宣告，中国特色社会主义进入了"新时代"，具有十分重要的意义：第一，从中华民族复兴历史进程来看，中国特色社会主义进入新时代，意味着近代以来久经磨难的中华民族迎来了从站起来、富起来到强起来的伟大飞跃，迎来了实现中华民族伟大复兴的光明前景；第二，从科学社会主义的发展进程看，中国特色社会主义进入新时代，意味着科学社会主义在 21 世纪的中国焕发出强大生机活力，在世界上高高举起了中国特色社会主义伟大旗帜；第三，从人类历史进程看，中国特色社会主义进入新时代，意味着中国特色社会主义道路、理论、制度、文化不断发展，拓展了发展中国家走向现代化的途径，给世界上那些既希望加快发展又希望保持自身独立性的国家和民族提供了全新的选择，为解决人类问题贡献了中国智慧和中国方案。❶

（二）课堂

"课堂"是最为古老的教育语词之一，也是人们最为熟悉的教育语词。课堂是麻烦之地，课堂是是非之地，课堂是期盼之地，课堂是起步之地，课堂是复杂之地，课堂是单纯之地，课堂是合作之地，课堂是孤军奋战之地，课堂是群星璀璨、群情振奋、群雄争霸、群策群力、群芳争艳之地，课堂是被群起而攻之之地……❷或许这样的清单还可以开列得很长很长，因为每一个人的心中都有自己经历的不同课堂及其对课堂的不同理解和不同定义，正所谓有一千个读者就有一千个哈姆雷特。

从教育史的角度来看，最早的课堂与最早的学校同时产生。❸人们对课堂的理解多义，其中缘于课堂形态多样和情形多变，更主要的是由于课堂这一概念内涵和外延的不断拓展所致。概而言之，人们对课堂的

❶ 新时代的划时代意义 ［EB/OL］. 中国共产党新闻网 . http：//cpc. people. com. cn，2017 – 10 – 31.

❷ 古德（T. L. Good），布曼菲（J. E. Brophy）. 透视课堂 ［M］. 10 版 . 陶志琼，译 . 北京：中国轻工业出版社，2013：3.

❸ 王鉴 . 课堂研究概论 ［M］. 北京：人民教育出版社，2007：56.

认识经历了三个阶段的变化。

一是认为课堂就是从事教学的场所，即所谓的教室。《现代汉语词典》（第 6 版）对课堂的界定即为这种认识的典型代表——"教室在用来进行教学活动时叫课堂，泛指进行各种教学活动的场所"❶。作为场所的课堂重点关注的是物质层面的条件，这与生产力不甚发达的过往时代人们的认识是一脉相承的。在中国古代的夏朝，作为课堂萌芽形态的"痒、序、校"本身就是作为饲养牛羊牲畜、练习射箭的场所，其时的年长者一边从事着日常饲养劳作，一边向年轻一代传授着自己掌握的经验。由此可见，独立形态的作为教学场所的课堂是社会发展的产物，也是教育发展的标志。特别是起源于 16 世纪欧洲实践形态的班级授课制的出现以及 1632 年捷克教育家夸美纽斯论述班级授课制的著作《大教学论》的出版，为系统性实施课堂教学奠定了理论和实践基础，由此也揭开了人们关注课堂状况、重视课堂环境并开展科学研究的序幕。及至 20 世纪 60 年代初到 70 年代中的十几年间，还形成了以课堂环境为专门研究对象的重要领域，其中著名的学校环境研究（School Environment Research，SER）最为典型。这是一个由美国密西根大学建筑研究实验室主持、福特基金会等机构赞助的大型系列研究计划。该计划的研究目的包括两个方面：一方面是探讨环境对人类行为的影响，另一方面是具体研究课堂环境是如何影响学生学习过程的。在六年的实验研究中，研究者们分别对课堂的建筑空间、温度、光线、声音等物理因素对学生学习过程的影响作了深入研究，提出了一大批有价值的实验数据。同时，还从一般意义上探路人类的生存环境与人类的互动关系等问题。❷

二是指发生在教室里的活动——教学。显而易见的是，课堂并非是静止的物理空间，而是由充满了生命意识的教师、学生和课程相互作用而形成的生动的教学世界。❸ 由空间场所的课堂向教学活动的课堂认识转向是教育科学发展的结果体现，这一方面是缘于科学的"全面胜利"

---

❶ 中国社会科学院语言研究所词典编辑室. 现代汉语词典［M］. 6 版. 北京：商务印书馆，2012：738.

❷ 王鉴. 论课堂的历史形态及其变革［J］. 西北师大学报（社会科学版），2006（2）：87.

❸ 魏宏聚. 场所、事件与社会：课堂属性的多维解读［J］. 教育理论与实践，2010（10）：23－24.

而导致的包括教育学在内的人文社会学科对自然科学研究技术的借鉴与引用，更为重要的是"二战"后的以美、苏为代表的两大阵营因激烈竞争所需的人才战略的实施使然，特别是以舒尔茨为代表的人力资本理论的发展，世界各国普遍重视发展教育和教育效果，"向课堂要效率"成为这一时期教育政策的表征，因而关注课堂中的教学活动及其构成要素成为了重点，包括课堂中的教师、学生和教学内容等，其中尤其突出教什么和怎么教。比较典型的有德国教育学家克拉夫基（Wolfgang Klaf-ki）在《教育理论与教学论研究》（1963）中提出了教育学理论和教学论必须纳入教育哲学的思考范畴、必须与教育实践相接轨的思路。❶ 美国心理学家、教育家布鲁纳（Jerome Seymour Bruner）的《教育过程》（1961）、《教学理论探讨》（1966）、《教育的适合性》（1971）等，"任何学科都可以用某种正确的和有用的形式，教给任何年龄的任何人。证明这一点的责任，既在那些学生身上，又在那些教师身上。说微积分在一年级不能教，这是不对的。关键在于要将所谓的难题转化或改写成不同年龄阶段的学生所能理解和接受的形式。"苏联著名学者赞科夫（又译赞可夫）在其《教学与发展》（1975）中，系统构建了实验教学论体系，提出了必须遵循的五条教学论原则，即以高难度进行教学的原则、以高速度进行教学的原则、理论知识起主导作用的原则、使学生理解学习过程的原则、使全班全体学生（包括最差的学生）都得到一般发展的原则等。❷

三是认为课堂是课程与教学活动的综合体，即将教学活动、课程开发、师生关系、教学环境等融于一体。随着对课堂研究的不断深入和课堂实践的不断创新，课堂认识和理解也得以丰富、延展、综合，如苏联教育家巴班斯基基于系统观、整体观和发展观，突破既有的教学论思想，把构成教学过程的所有成分和师生活动的一切内外部条件看作是相互联系的整体，在其代表作《教学过程最优化——一般教学论方面》中提出了教学过程最优化的原则和方法，并在此基础上设计课堂教学、

---

❶ 单中惠，杨汉麟. 西方教育学名著提要［M］. 2 版. 南昌：江西人民出版社，2004：586.

❷ 单中惠，杨汉麟. 西方教育学名著提要［M］. 2 版. 南昌：江西人民出版社，2004：684－686.

实施教学过程。美国学者古德和布罗菲在其名著《透视课堂》中基于师生关系类型，将课堂分为四类：第一类是"不能应对型"（can't cope），第二类是"贿赂学生型"（bribes the student），第三类是"铁腕手段型"（runs a tight ship），第四类是"与学生合作型"（has cooperative students）。日本学者稻川三郎则根据课堂中教师的教育理念、教学行为以及对学生的不同对待而区分了三种课堂：第一种是以教师为中心并采用灌输教科书内容的教学方法进行课堂教学的课堂；第二种课堂仍然是以教师为中心的教学，但学生们在课堂上的角色有所改变。为了使学生对学习活动产生兴趣，将教学和生活体验结合起来，课堂上教师也经常向学生提出各种问题，诱发学生们的想象思维，培养学生们积极发言的勇气。另外，在教学中还引入一些可操作性的学习，如组织小组合作学习活动等。乍一看这种教学感觉很新鲜、新奇，但是教师依然手握着缰绳，学生们还是被操纵着跟着教师走的课堂教学；第三种课堂的主体是每一位学生，学生们将走到教学的最前沿。这是培养学生们掌握学习能力的教学，也是培养能适应未来社会的人的教学，教师的作用主要是辅导、帮助。教学的主角是学生们，教师是配角。学生们完全得到自立，学生们依靠自己的能力去学习。❶

不难看出，对课堂认识的三重变化实际上反映了人们的教育理念和对教育本质认识的不断深化。作为教室的课堂，人们关注的重点是静态的环境因素；作为教学活动的课堂，关注的重点是知识的习得；作为综合体的课堂，关注的重心实现了转向：既有对静态的物的关注，也有对动态的知识传递过程及其效果的重视，同时关注教学中的学生的发展。

（三）课堂生态

"课堂生态"的概念由美国学者沃勒（W. Waller）于1932年提出。他在当年出版的《教育社会学》一书中第一次使用了"ecology of classroom"一词。❷ 但对什么是课堂生态并没有明确定义。此后的几十年，虽然研究者众多，仍对什么是课堂生态没有一个清晰明确的定义，直到1975年，多伊尔（W. Doyle）和庞德（G. Ponder）将课堂生态定义为

---

❶ 王鉴. 论课堂的历史形态及其变革 [J]. 西北师大学报（社会科学版），2006（2）：88.
❷ 孙芙蓉. 课堂生态研究 [M]. 杭州：浙江大学出版社，2013：10.

"对教学环境产生影响的互相联系的过程和事件所形成的网络"❶，这一经典定义为国外学者广泛认同。

国内对课堂生态的专门研究是进入 21 世纪后的事。2001 年，汪霞《一种后现代课堂观：关注课堂生态》是见诸国内正式刊物的第一篇以"课堂生态"为主题的学术论文，❷但在该篇论文及其随后发表的被广泛引用的《我们的课堂生态了吗》一文中，尽管比较深刻地分析了"生态"的意味、"课堂"的本质，并在此基础上透视了"课堂生态"，但对什么是"课堂生态"并没有明确定义。此后，陆续有研究者围绕着"课堂生态"及其与之关联的"课堂生态系统""课堂教学生态""课堂教学生态系统"等进行探讨，也从各自不同的视角提出了自己的见解，如课堂生态的基本内涵为"生命"与"关联"，是课堂时空内生命体之间及其和环境之间的关联（孙芙蓉，谢利民，2006）；也指对师生进行教学活动的动机、活力、成效等产生影响的课堂环境，主要包括自然生态、人际生态和心理生态等（刘兴然，2014）。但迄今尚未有对"课堂生态"这一概念的明确界定，这从另一个侧面反映了国内学术界对"课堂生态"的认识程度。

生态指生物在一定的自然环境下生存和发展的状态，也指生物的生理特性和生活习性。❸作为一个科学概念，"生态"一词由德国动物学家海克尔（E. Haeckel）于 1866 年提出，指称它是"有机体与周围环境之间的关系"。而此后兴起的生态学主要研究生命有机体与其周围环境之间的相互关系，其本质"就是一门关系学"❹。对生态的关注和重视也经历了一个漫长的过程，反映了人们对世界认识的不断加深。可以认为，"生态"概念的提出正是人们对近现代的深刻反省和不断超越，体现了人们对更加美好生活的向往和生命意义的关怀。同样，从课堂到课

---

❶ Doyle W，Ponder G. Classroom Ecology：Some Concerns about a Neglected Dimension of Research on Teaching. Contemporary Education，1975，46（3）. 转引自孙芙蓉. 课堂生态研究[M]. 杭州：浙江大学出版社，2013：16.

❷ 孙芙蓉. 课堂生态研究[M]. 杭州：浙江大学出版社，2013：10.

❸ 中国社会科学院语言研究所词典编辑室. 现代汉语词典[M]. 6 版. 北京：商务印书馆，2012：1163.

❹ 李文华，赵景柱. 生态学研究回顾与展望[C]. 北京：气象出版社，2004：64. 转引自孙芙蓉，谢利民. 国外课堂生态研究及启示[J]. 比较教育研究，2006（10）：87.

堂生态，是课堂内涵发展的自然结果，也是人们对课堂认识的当代表述，是关注人、关怀人、突出人的哲学思考和认识论革命。其具有以下意蕴。

课堂生态是一个客观实在。尽管其样态特征不如有形物那样显见并能明言表达，这并不影响它的客观存在，就像空气一样，尽管看不见、摸不着，但是它实实在在地充溢在我们的周围且是我们不可或缺的生存要素。课堂生态也是一样，它是环绕课堂的"空气"，是课堂存在的"有氧物质"，与课堂如影随形——只要有课堂存在，就一定伴有不同的课堂生态。

课堂生态是一种价值存在。从生态视角关注课堂是人们教育认识的价值投射，这种认识强调以整体观、发展观、生态观看待课堂。作为整体观视角中的课堂，不是指静态的教室物理空间，也不是指单一的教育教学活动，而是将学生视为完整的个体，将促进学生的完满发展作为一个系统工程；作为发展观的课堂，着眼于课堂中的学习者生长（生理、心理、知识、技能、素养等）；作为生态观的课堂，旨在突出课堂中的学生反应及其变化，关注课堂中事件的发生发展，并藉此应对行动，以便让学习真正发生，使学生得到发展，体现完满幸福的价值追求。

课堂生态是一切行动所在。生态因生物而生，生态因生物的活动而在，生态因生物的生命追求而在。换言之，生态与行动具有内在的关联，没有了生物的先验自发、或有意识目的的行动，生态也就不复存在。同样，课堂生态与师生行动须臾不可分割。师生发展需要妥当的行动实践。对教师而言，符合学生身心发展规律、符合学生学习规律、符合教育目的性是实践的指向和行动方略。

概而言之，课堂生态是以促进学习者完满发展为追求的主体行动及其与环境之间的联系状态。

（四）职业院校课堂生态

职业院校又称职业学校，是承担职业教育的主要机构。从构成上看，职业院校包括中等和高等两个层次。其中，中等层次的学校称为中等职业学校或中等专业学校，高等层次的学校称为高等职业院校，包括专科和本科。前者具体有职业技术学院、职业大学、高等专科学校等，后者有职业技术大学、应用技术大学以及举办职业教育的应用型高等学校等。一个比较有趣的现象是，传统上的职业大学通常是专科，但近年来一部分升格的高职院校也称为"职业大学"，从而使之成为涵盖专科和本次两个层次的学校。

近代中国最早的职业学校当属 1861 年 1 月在北京创办的京师同文馆，这是清末第一所官办的以培养外语人才为主要目标的专门学校。1866 年在福建福州创办的福建船政学堂则是第一所工科职业学校。其中一支为前学堂习造船、后学堂习航海；另一支为绘事院、艺圃，后改称图算所、学徒学堂、匠首学堂。随后的几十年，中国职业院校随国运起落沉浮，直到迎来新中国的成立。

中华人民共和国成立后，同属社会主义国家阵营的客观事实以及当时的国际环境，使得我们自然而然地采用了全面学习苏联的方略并开始了工业化进程。为了快速填补旧中国的人才缺口，国家把重心放在培养周期短、人才实用性强的中等职业教育上。中央和地方的工业、交通、农林、财贸等国民经济主管部门，迅速创办了一批中等专业学校，培养技术人员和管理干部。当时的劳动部门所属的企业则建立技工学校，主要培养面向生产一线的技术工人。经过几年的建设，一批近代中国所没有的地质、矿业、电机电器、铁路交通等中等专业学校被建立起来。到了 1958 年，一种创新的教育模式——"半工半读"学校率先在天津国棉一厂出现。所谓"半工半读"就是"半天劳动、半天学习"，在当时的条件下，这种方式让更多人有了受教育、学技能的机会，显著扩大了职业教育的覆盖面，得到了基层人民群众的欢迎，且发展迅速。到"文化大革命"前的 1965 年，我国已有中等职业学校 7294 所，在校生126.65 万人，比例是当时高中阶段学生总数的 53.2%，占据了"半壁江山"。然而，这样的局面随着"文革"的到来戛然而止。在"极左"思想的影响下，蓬勃发展的职业教育被认为是"资产阶级'双轨制'"的标志而受到排斥和批判，随之大量职业学校被停办、撤并或改为普通中学。

改革开放后，随着"以经济建设为中心"的国家战略实施，发展职业教育再度成为政策的重点。数据显示，1978 年，我国中等职业学校在校生仅占高中阶段学生总数的 7.6%，中等教育结构严重失衡。这样的局面极不利于经济建设所需的大批生产、制造、管理一线人才的培养。在这样的背景下，1985 年颁布了《中共中央关于教育体制改革的决定》，明确提出要"逐步建立起一个从初级到高级、行业配套、结构合理又能与普通教育相互沟通的职业技术教育体系。"随后一大批中等职业学校得到恢复和创办。1996 年召开了全国职教工作会议，明确提出通过三级分流大力发展职业教育，通过"三改一补"（改革高等专科学校、职业大学、成人高校，中等专业学校办高职班作为补充）大力发展高等职业教育。同年，全国人大通过并颁布了《中华人民共和国职业教育法》，以法的形式明确了职业教育的地位、体系构成以及政府和有关方面在发展职业教育中的责任。1998 年，全国人大又颁布了《中华人民共和国高等教育法》。《中华人民共和国高等教育法》明确指出："本法所称高等学校是指大学、独立设置的学院、高等专科学校，其中包括高等职业学校和成人高等学校。"在该法中明确把高等职业学校作为高等教育的组成部分确定了下来。至此，高等职业院校既成为高等教育学校的重要类型，也是职业教育的重要组成部分，担负着培养面向生产、建设、服务、管理第一线需要的高技能、应用型专门人才的使命。2019 年 1 月，俗称"职教二十条"的《国家职业教育改革实施方案》颁布，在这份新时代职业教育的重要文件中开宗明义地指出："职业教育与普通教育是两种不同教育类型，具有同等重要地位。"第一次在国家层面明确了职业教育作为一种类型教育的特征定位。2021 年全国教育事业统计数据显示：全国共有高等学校 3012 所（含成人高等学校256 所），其中普通本科学校 1238 所，本科层次职业学校 32 所，高等职业院校（高职高专）学校 1486 所，高等职业院校占高校总数的55%。包括普通中专、成人中专、职业高中和技工学校在内的中等职业学校招生 656.2 万人，在校生 1738.5 万人，毕业生 484.1 万人。❶ 在我国，形成了世界上规模最大、中等和高等职业教育协调发展的现代职教体系。

　　与普通学校不同的是，职业院校培养的主要是技术技能型人才。人才通常分为四类，分别是学术型人才、工程型人才、技术型人才和技能

---

❶ 国家统计局. 中华人民共和国 2021 年国民经济和社会发展统计公报［N］. 光明日报，2022－03－01（10）.

型人才，后三类人才又统称为应用型人才。本科及以上层次职业院校也培养工程型人才乃至特定领域的应用型尖端人才。职业院校技术技能型人才培养的主要职能内在地决定了其课堂与普通学校有所不同，其中最大的差异在于其在人才培养过程中需要有与之培养目标相适应的培养方式、设施设备及实践环境——这并不妨碍作为一种类型教育的根本目的：通过课堂培养人、成就人、使之成为更好的人。从这个角度而言，其所追求的课堂生态是与普通学校没有区别的，可以表述为：以促进技术技能学习者完满发展为追求的主体行动及其与环境之间的联系状态。

（五）优化

优化是一个动词，指"加以改变或选择使优良"，比如优化设计、优化组合、优化环境、优化产业结构等。❶ 由此可知，优化是一个趋向良好、趋向更好的变化，也就是事物或状态在原有基础上的提升。

本书中的职业院校课堂生态优化是指职业院校基于目前的课堂生态现状，采取适合的举措使之变得更好。具体而言指中高等职业院校在以促进学习者完满发展为追求的过程中，主体行动更积极、更主动，环境更美好，主体及其行为与环境之间的联系更合拍、更和谐。

二、职业院校课堂生态构成要素❷

（一）课堂生态主体

1. 教师

在职业院校课堂生态中教师有着举足轻重的作用，教师"接受社会的一定委托，在学校中以对学生的身心施加特定的影响为其主要责任"❸。首先，教师是职业院校课堂教学的策划者。课堂教学活动由教师设计和策划，包括确立教学目标、组织教学内容、树立教学理念、选择教学方法等。教师作为课堂教学的策划者，要不断提高自身的专业知识和技能，掌握教材的脉络，熟悉讲授的内容，要对学生的整体知识水

---

❶ 中国社会科学院语言研究所词典编辑室. 现代汉语词典［M］. 6 版. 北京：商务印书馆，2012：1570.
❷ 本节和下节"职业院校课堂生态特点与功能"内容由课题组核心成员孙健撰写，有部分修改.
❸ 南京师范大学教育系. 教育学［M］. 北京：人民教育出版社，1984：100.

平以及学生的需求进行了解，"教师需要用自身的积极、健康且富有活力的精神、才华及个性来支持自己的事业"❶。合理设定教学目标，更好地实现有效教学。其次，教师是课堂人际关系协调者。教师引导学生形成良好的同伴关系，推动学生互助学习。同时，教师与教师之间建立合作伙伴关系，形成以相互尊重、相互信任为基础的互动，相互交流、共同促进，推动自身的不断成长。最后，教师是学生学习的推动者。对教师来讲，传授知识的过程并不是简单的单向传输，而是在掌握课堂管理艺术的基础上，通过创设氛围，唤起学生学习兴趣，因材施教，实施个性化教学。教师不断地补充新知识，鉴别与选择合适学生学习的知识，不断调整教学内容使之贴近于学生的实际，并传授给学生。教师掌握现代化教学技术，善于解决和处理课堂教学中出现的问题。促进学生潜能开发，引导学生不断朝着学习目标前进。上述教师角色和功能对教师的水平提出了具体的要求。具体来看，教师是从理念、情感、知识、能力和素养等几个方面影响职业院校课堂生态。这几个方面不可能是单一的孤立呈现，分为多个方向，每个方向又分为不同层次，不同方向层次之间相互渗透，以系统综合体的形式凸显出来。

理念方面。教师作为职业院校人才培养主力军，担负着为社会培养高素质技术技能型人才的任务，而这一任务能否完成，在一定程度上与教师理念的合理性相关。教育理念是教师关于教育的观念，是教师对教育、学生及教学的基本看法，教育理念时刻指引着教师的态度与判断，影响教师的教育教学行为。职业院校教师必须树立明确的教育理念，才能在教育教学活动中培养技术技能型人才。"教育理念是教育主体在教学实践及教育思维活动中形成的对教育应然的理性认识和主观要求。"❷理念是行动的引领，为了有效地促使课堂生态建构的实践。课堂生态主体当中的教师必须认同生态理念，打破传统固化思维定势，并把生态理念的基本原理内化为自己的认知结构和信念系统。因此，职业院校课堂生态优化涉及教师对教学要素与要素间关系及课堂环境等基本看法和观点。这些看法和观点直接影响或决定着教师课堂教学行为。教师必须用

❶ 叶澜. 新基础教育论：关于当代中国学校变革的探究与认识［M］. 北京：教育科学出版社，2006：359.

❷ 瞿葆奎. 教育学文集·教育与教育学卷［M］. 北京：人民教育出版社，1993：31.

生态的眼光审视课堂的所有要素，树立一套生态观念体系，有效指导职业院校课堂生态建设。

情感方面。情感因素是教师个人在教育工作中某种感情的表露，是指教师本人的情感以及教师对学生和教学的积极或消极的情感。"我们从一位伟大的老师那儿所获得与其说是一个具体的知识体系或一组技巧，还不如说是这位体现和代表知识的老师的行为方式——他或她的生活热情、严于律己、献身精神、人格力量、强烈的责任等。"❶ 教师的情感表现在热爱职业教育事业，热爱学生，只有热爱，才能激励教师去开拓创新，才能真正承担起责任和义务，克服内外部各方面的干扰而自觉践行奉献。教师只有具有热爱职业教育事业和热爱学生的情感，才能主动进行专业知识的学习和专业能力的提升，才能追求专业化的发展。职业院校的学生正处于生理、心理半成熟的状态，其成长更容易受到教师的情感因素影响。职业院校学生更看重教师的情感表达，学生的学习行为更倾向于依赖教师情感的影响。因此，应该注重教师情感在教育教学活动、师生关系构建、教师权威树立等过程中发挥的积极作用。

知识方面。在某种程度上看，教师就是知识的代表，"教师不仅是向学生传授知识，实际上还是以一种个人的方式体现了他所教授的知识"❷。职业院校教师通常担负着繁重的教学任务，不仅要提供知识的补给，更要开展操作能力辅导。因此，职业院校教师的知识结构需具备基础的教育理论和实践知识，掌握系统、扎实的专业知识，拥有精深的岗位知识体系，同时，教师必须与时俱进，不断学习新的知识，以适应最新知识发展的要求。

能力方面。教学能力是每一个教师的必备技能，教师必须具有较强的教学能力。教学能力是教师专业能力的综合体现，是教师工作中应当具备最基本的能力，贯穿整个课堂教学过程中，通过各种各样的教学活动体现出来。在课堂教学中，职业院校教师享有独立实施课堂教学的权力，教师决定教学内容、教学进度、教学方法，在课堂教学过程中，教

---

❶ 马克斯·范梅南. 教学机智：教学智慧的意蕴［M］. 李树英，译. 北京：教育科学出版社，2001：99.

❷ 马克斯·范梅南. 教学机智：教学智慧的意蕴［M］. 李树英，译. 北京：教育科学出版社，2001：104.

师将自己的专业知识技能通过教学能力传递给学生。由于职业教育突出实践的特殊性，对职业院校教师的教育教学能力提出了更高的要求。职业院校教师教学能力具有多元性、复杂性和全面性。除了教学能力之外，职业院校教师还要具备课程开发能力、专业能力和社会交往能力。课程开发能力是教师对课程体系与结构、课程编排与内容、课程评价与教学方法开发设计的能力。职业教育课程与普通教育课程不同，教师在职业教育课程开发中发挥更大的作用，承担起职业教育课程开发的任务。从工作过程的角度出发，根据具体岗位的需要，开发设计职业教育课程。教师要对相关行业比较熟悉，熟练掌握课程开发的基本理论。专业能力。从人才培养模式的定位上看，职业院校学生是技术技能型人才，这类人才需要动手操作以解决实际问题，这赋予了专业能力在职业院校课堂教学中的特殊地位。教师想要在职业院校课堂教学中树立影响力，离不开专业能力。社会交往能力。"教师个体在从事教学、科研等工作与生活中只靠单打独斗难以适应。"❶ 职业院校教师的工作特点决定了教师与企业有着千丝万缕的关系，体现为教师主动地寻求与行业企业的合作，一方面，教师学习企业的实用技术，另一方面，解决学生实习实训问题，社会交往技能强的教师，能够为学生争取更多的实训或顶岗实习的锻炼机会。

专业素养方面。教师是专业技术人员，教师职业是一种专门职业，"教师职业具有其独特的职业要求和职业条件"❷。对于教师来讲，素养主要是指专业素养。教师的专业素养是教师从事教师职业需要具备一定的素质等方面的总体状况，具体包括专业实践素养、职业道德素养和心理素养。其中，专业实践素养是职业教育教师区别于其他类型教师最明显的特征。职业院校课堂生态对教师的专业素养提出了更高的要求。专业素养强的教师，不仅能够通过专业素养的展示吸引学生听课的注意力，还能激发学生的求知欲，调动学生学习的积极性。

2. 学生

学生作为教学的接受者和对象，是教学活动的中心，学生是学习的

❶ 陈永明. 教师教育学 [M]. 北京：北京大学出版社，2012：113.
❷ 李向东. 职业教育学新编 [M]. 2 版. 北京：高等教育出版社，2009：129.

主人，无论是普通教育还是职业教育，课堂教学都应该以学生的特点作为选择教学内容及方式的参考。一方面，学生是自主学习者。学生积极主动地参与学习活动，掌握主动权和自主权，能够自主设计学习策略，主动消化吸收知识，形成属于自己的知识体系，使自己的知识体系得以完善。同时，学生能够不断地反思自己学习行为，例如学习方法是否科学、学习策略是否合理等问题，进而不断调整学习策略。"学生通过自己主动地获取知识、对自己的知识体系和技能进行建构和实践，弥补课堂生态系统的能量耗散、平衡课堂生态系统信息的衰减和富集。"❶ 另一方面，学生是独立成长者。职业院校课堂生态要求以学生为本，尊重学生的独特性。职业院校课堂生态认为每个学生都是独立个体，承认学生的多样性，尊重学生的个性差异，允许学生个性发展。课堂生态中的每一个学生都有被尊重的权利，都有自由表达自己思想观点的自由。课堂生态要求尊重学生发展的权利，归还学生的课堂话语权，促进学生获取个性化发展。

但是，职业教育与普通教育具有明显不同特点，这就使得职业教育学生具有独特的特点。例如，职业院校教学目标尤其强调职业性，强调将学生培养成"职业人"，具有突出的职业指向性。同时，职业院校教学场所更加要求多元化，突破传统课堂范围，学生流动性更大；职业院校教学对象更加复杂化，例如高职院校生源包括普通高中毕业生、中职毕业生、退役军人、下岗失业人员、农民工和新型职业农民等群体，生源类型越来越复杂。如果说，常规生源中的普通高中毕业生和中职毕业生来源于学校系统，还基本能够适应高职院校教学活动，那么退役军人、下岗失业人员、农民工和新型职业农民等群体，来自与学校完全不同的系统，每一类人群具有独特的思想和行为特征，这必将给高职院校的课堂教学活动带来巨大的挑战和冲击；职业院校学生需求更加多元化，职业院校学生与普通学校学生相比，有多元化的学业发展需求，不仅有升学需求，还有就业需求和创业发展需求等。

因此，新时代的职业院校人才应是高素质综合型的人才，职业院校既要重视学生专业知识和专业技能的培养，也要重视学生综合素质的培养。不仅要重视学生的职业知识、操作能力培养，也要重视学生职业素

---

❶ 孙芙蓉. 课堂生态研究［M］. 杭州：浙江大学出版社，2013：48.

养和职业道德的培养，更要重视学生的终身学习能力的培育。

职业知识方面。职业院校学生既要进行常规专业理论知识的学习，还要获得有关解决问题的操作性知识，拥有灵活解决工艺新问题的知识储备，注重培养学生对具体问题变化性和发展性的认知。学生应当掌握所属专业的知识，并能够将掌握的知识在实践中应用。

操作能力方面。职业院校要求学生具有较强的动手能力，掌握职业岗位所需要的操作方法和技术。操作能力保证学生在行业从事相关工作并独立完成任务，学生操作能力要能直接地作用于真实的岗位环境，同时，具有职业变动和岗位转换时能迅速适应的可迁移能力。

职业素养方面。职业素养是未来职业生涯中从事职业的内在规定性和要求，是完成和发展该职业活动所必需的基本意识、能力和知识，主要包括社会交往、岗位适应、问题解决、语言表达、操作实践、自我管控等方面。学生的职业素养与具体职业或行业相关，与职业活动紧密相连，职业院校应该通过相关职业活动，熏陶学生职业素养。

职业道德方面。道德是调整人与人之间关系的意识形态和行为规范。职业道德是学生在今后工作中，调节和处理工作关系所应遵循的基本行为规范和行动准则。"在教学活动中，学生掌握一定的知识和技能，同时身心获得一定的发展，形成一定的思想品德。"❶ 对于职业院校学生来讲，学生具有双重身份，即学生和未来企业员工。由于毕业后直接面对就业，进入职场环境，因此培养职业院校学生的职业道德更加迫切，需要将职业道德相关规范通过相关活动传递给学生，让学生了解掌握内化。

终身学习能力方面。学习是学生的天职，学生是主动学习者，是学习的主人，职业院校有必要培养学生的终身学习能力，强调学生终身自发地学习，能够持续自觉自主地通过各种形式的学习提升能力。

（二）课堂生态中介

课堂生态认为教学是教师教、学生学的统一过程，"教学就是指教的人指导学的人进行学习的活动。进一步说，指的是教和学相结合或相统一的活动"❷。教师在课堂中传递知识和技能，学生在交往互动的课

---

❶ 王策三. 教学论稿 [M]. 北京：人民教育出版社，1985：91.
❷ 李秉德. 教学论 [M]. 北京：人民教育出版社，1991：2.

堂中，掌握知识和技能，学习到知识重点、难点。"要把师生教学活动当做不可剥离、相互锁定的有机整体，要把教学过程看做师生为实现教学任务和目的，围绕教学内容，共同参与，通过对话、沟通和合作活动，产生交互影响，以动态生成的方式推进教学活动的过程。"❶ 在课堂教学过程中，师生之间必须借助一定的中介和载体，用来传递信息，这个中介和载体就是教学内容和教学方法，课堂生态中介是一组相互关联的教学内容和教学方式组合而成的整体，是具有特定要素、功能、结构的系统。

1. 教学内容

教学内容是依据教学目标，有目的地从以往经验体系中选择出来，并按照一定的逻辑序列编排而成的知识体系。教学内容规定了课堂所要达成的人才培养基本目标。职业院校教学内容不仅包括理论知识，还包括技术技能知识。根据教学内容的来源，把职业院校教学内容分为校内教学内容和校外教学内容；根据教学内容的呈现方式，可把它分为文字资源、实物资源和信息化资源。职业院校教学内容中的知识、能力、素养等因素相互联系，统一于教材中。知识、技能与素养各自比例不同，形成了不同类型的教学内容。知识本位重视系统理论知识的讲授，能力本位重视技能训练，素养本位注重道德、人文等素养熏陶。现代职业教育要求职业院校在教学内容传授上不仅要讲授知识、技能，而且有素养的传递，能够有机地将三种要素整合起来。教学内容的开发一定要遵循学生可持续发展的需求，选择有助于促进学生整体性发展的内容，有利于促进学生持续学习和持续工作能力的内容。

教学内容是进行教学活动的材料，教学内容是使课堂生态保持活力的桥梁和纽带，相当于课堂生态中的食物链，教师与学生通过教学内容紧密地联系在一起。教学内容体现了教学过程的整体性和有序性，作为系统的知识，课堂的教学内容越是合理，知识传递效率就会越高。教学内容是实现职业院校人才培养目标的重要因素。职业院校课堂教学内容应针对职教学生的就业前景，以培养学生的职业知识、能力、素养为主。面对社会变革和市场的需要，职业院校需要不断调整丰富教学内

---

❶ 叶澜. 重建课堂教学过程观 [J]. 教育研究，2002 (10)：26.

容，建立符合职教人才培养目标、适应社会需求的教学体系，根据职业标准的要求，确定教学大纲，选择教材，使教材与职业发展趋势相适应。职业院校教学内容是实现职业教育目标的主要载体，根据学校的办学定位与特色、社会对技术人才的要求、职业教育的人才培养目标和规格以及学生未来发展等情况来整合相关教学内容。职业教育的培养目标是生产、建设、管理和服务第一线的技术技能型人才，这就要求教学内容定位于此，体现职业领域导向性。不同地域和职业领域的人才规格有特定的要求，带有区域特色和行业特色，要求教学内容呈现出地域或行业的导向性。同时，职业院校教学内容应紧密联系职业岗位，要求学以致用，以解决现场技术问题的能力和知识为重心。要体现职业岗位或岗位群的具体要求，要保持一种开放的结构，密切关注相关领域发展动态，了解职业岗位的变化对学生知识、能力、素养的要求，在教学内容上强调与实践紧密联系，以将来就业所必需的技能与知识为目的。另外，职业院校教学内容必须包含相应的职业资格标准，对职业中蕴含的技术技能进行调查，分析职业所蕴涵的技术、技艺、任务、道德、价值、态度，对某个职业开展全面、系统的探讨，将具体工作领域中任务进行分解，从中选择、提炼教学内容。努力将教学内容与职业标准对接，将职业标准融入教学内容中。依据职业标准，分析岗位工作过程任务，确定教学内容，构建以工作过程项目任务为核心的教学内容体系，使职业院校培养的人才与企业需要的人才达到一致，有效地提高学生的职场竞争力。

2. 教学方式

教学方式是教师将教学内容传授给学生时所采用的方式和方法，任何教学内容只有通过一定的教学方式才能转化为学生的知识与技能。教学方式既包括教师的教法，也包括学生的学法，是教授方法与学习方法的有效组合。职业院校课堂生态要求采用灵活教学方式，把学习的主动权还给学生，在教学中充分调动学生学习的主动性，结合实习实训设置问题情境，根据实际情况改革实习实训内容和方法，引发学生的兴趣；课堂生态要求整合多种教学方法，根据具体教学内容和学生特点、在具体教学过程中交替使用，达到教学方法的最优化。同时，鼓励学生积极参与教学过程，将传统教学中教师支配行为转化为互动教学行为，师生在平等的关系中开展互教互学的教学活动。生态化教学方式主要特点是教学方式的综合化，传统的教学方式中，常常把各种教学方法机械地割裂开来，生态化教学方法吸收了系统论的观点，坚持多种不同教学方法之间的相互关系，是具体方法的综合。同时，教学方式必须为实现教学目的、完成教学任务服务，在教学理念指导下采取具体手段、程序步骤、运用策略。

对于职业院校课堂生态教学来讲，需要灵活运用自主式学习、小组合作式学习和探究式学习等方法。自主式学习是相对于被动学习而言的。教师要帮助学生自己去发现、去建构学生自己的想法，确定学习目标、制定学习计划、在学习活动中对学习做出自我监控、自我反馈和自我调节。小组合作式学习。学生之间的争论、交流能促成学生对知识的深层理解，学生在小组中为了完成任务，要有明确的分工，合作学习的问题必须具有开放性，教师应该是学生学习的指导者和组织者。探究式学习。学生在教师指导下，通过自主的体验、实践，主动发现问题、解决问题，获取知识，提升能力。探究性学习能有效提高学生解决实际问题的能力，变被动为主动，使教学的重心转到学会学习、掌握学习方法上。此外，还要加入互联网教学，传统的教学方式无法满足职业院校学生学习的时空需求。利用日新月异的互联网技术，突破时间和空间的限制，通过互联网平台学习更先进的职业知识和技能。创设信息化的学习情境，激发学生的求知欲，开拓学生的思维和创新能力，增加师生之间的互动频率，提高学生的学习效果。

对于职业院校来讲，除了上述教学方式，还要进一步创新教学方式。职业学校的课堂教学分为理论教学和实践教学两部分。理论教学主要是开展文化基础课、专业基础课、专业课的教学。实践教学带有实践性质，内容与职业具有较高的关联度，侧重对学生基本操作技能和专业岗位技能的训练。在理论与实践教学过程中，可以采用项目教学、行动导向教学和问题导向教学。项目教学是师生通过共同实施一个完整的项目工作而进行的教学活动。传统教学以教师为中心，是一种以知识为本位的教学，学生是被动接受者。项目教学以学生为中心，以项目活动为中心开展教学活动。在完成项目过程中主动建构知识，获得相应的技能和经验，教师成为教学的组织者、监督者和协调者，教师由主体地位变为主导作用。学生在真实情境中激发学习动机，通过真实实践情境培养学生综合职业能力。行动导向教学。行动导向教学符合职业教育发展的特点，是在教学活动的整个过程中创建一种教师教与学生学的交往情境，通过学习知识的构建，形成相应的实践能力，以更好地适应未来的岗位。行动导向教学倡导"以人为本"，教学过程中充分体现学生的主体地位，注重对学生分析问题、解决问题能力的培养。行动导向教学把大任务分解成小任务，分层次地给学生下达行动任务，给予学生处理问题和解决问题的机会。以任务为主线，贯穿于整个教学过程之中，学生顺利完成任务，并建构起自己的知识结构，最终获得完成相关职业活动所需要的知识和能力。行动导向教学重视案例和解决实际问题，对任课教师提出了更加严格的要求，需要教师把工作精力放到教学情境的设计、组织和引导教学过程上来。行动导向教学中所有程序都需要学生共同参与完成，这需要在学生之间相互合作过程中共同参与，发展人际交往能力、独立思考能力、问题解决能力。问题导向教学。问题导向教学强调把学习放到问题情境中，通过让学生共同合作解决具有真实性的问题，形成解决问题的技能。教学过程围绕问题来组织的，通过引导学生解决实际问题，使学生主动建构起知识基础。教师的角色定位是学习促进者或推动者，教师设计符合学生需的问题，激发学生学习动机。

除此之外，还可以采用实验、实训与实习等教学方式。实验是在理论知识学习中，结合实际操作，做到实践与理论相结合，让学生深刻理解所学知识的一种教学形式。在学习过程中进行实验教学，可以培养学生的动手操作能力，激发学生的好奇心，带动学习积极性、主动性。实训就是进行实践训练式的教学。职业院校学生经过课堂理论学习和简单的实验操作后，在实习开始之前，还需要有针对性地加以模拟训练，提高实操能力。实训一般在校内的实训基地进行，实训的场所模拟生产工作环境，主张一切岗位经验都可以从反复的实践操作中获得，采用来自工作项目中的实际问题进行操作，具有很强的实战性。实习是指把学到的东西应用到实际工作当中，一般在校外基地或者企业进行。实习分为认识实习、专业实习、顶岗实习。认识学习主要是参观生产车间等让学生初步了解，专业实习是学生到实际生产现场进行体验实习，是对所学专业技能的强化训练，顶岗实习是提高学生实操技能的关键阶段，目的是帮助学生在毕业之前进行强化实习和锻炼，学生需要履行岗位职责，要求学生具备相对完整的理论体系和基本的技能操作。

（三）课堂生态环境

课堂生态环境是为教学发展而营造的、整合多种不同要素的复杂系统，是学校按照学生身心发展需要而组织起来的育人环境。课堂生态环境为课堂教学提供适宜的氛围，是课堂教学赖以发展的基础，有关教学活动所涉及的文化、制度、物质都是课堂生态环境的基本因素。这些不同的因素相互联系、相互作用，构成了课堂生态环境的系统结构。同时，职业院校教学与普通院校教学最大的区别就是用人单位的参与，因此职业院校课堂生态环境是课堂教学过程中物质环境、制度环境、文化环境、用人单位等组成的复合生态环境系统。

1. 物质环境

物质环境作为课堂生态的物态载体，包括课堂教学过程中看得见、摸得着的所有物质形态，能为人们的感官直接触及。师生身处的课堂生态物质环境，无时无刻不影响着师生的教学活动。例如，教室的空间大小，教具实用性、教室的温度、湿度、采光等一系列的自然环境因素，影响着课堂教学的生态运行。教学设施是构成学校物质环境的主要因素，是教学活动必需的基本设施，是教学活动赖以进行的物质基础，是维持教学正常进行的物质条件，标志着职业院校的硬件水平和实力。教学设施包含着丰富的教学信息，影响着课堂生态的过程与效果。教学设施完善程度制约和影响着教学活动的内容和水平。对于职业院校来讲，实训设备和校内实训基地是重要的教学设施，有必要积极模拟真实的工作环境，对实训设备进行功能型完善和提档升级，注意与生产实践相符合，满足职业学校的教学基本需求。校内实训基地是实践教学场所。校内生产性实训基地由学校提供场地，企业提供设备、技术和师资支持，校企合作联合设计组织实训教学。在功能上具备教学和生产的双重功能，作为实践教学的载体，要满足学生实训学习的要求。实训过程符合真实的生产流程，教学与生产同步进行，有利于学生熟悉并掌握本专业的主要生产流程。校内生产性实训基地按生产岗位要求面向学生全面开放，在校内营造企业生产环境和氛围，根据教学计划安排学生进行轮岗，按照企业的工作要求展开实训，通过"做中学"，将理论知识与操作技能自然融合。

2. 制度环境

制度是保障职业院校课堂生态正常运作不可或缺的要素，是职业院校课堂生态教学效果的强有力支撑。课堂生态的制度环境是指对课堂生态产生影响的与制度相关的因子所形成的环境。制度环境对职业院校课堂生态内的各项活动、师生言行起到必要的导向和约束作用，包括各种教学规章制度、教学行为规范、教学工作守则、教学工作条列、实践教学过程规范、课程评价考核工作管理办法等。从制度来源出发，可以对课堂制度环境作两个层面的分析：一方面，来源于政府层面的制度，包括国务院以及各级地方政府颁布的职业教育教学相关法律法规等，是政府对于职业教育人才培养的具体要求，是职业教育法制化过程的重要途径；另一方面，来源于学校的制度。学校依据相关要求，结合各自情况，对于职业教育课堂教学提出了一系列的规章制度，这些规章制度使得课堂教学被打上了很深的学校烙印。没有制度的规范和约束，就没有良好的课堂秩序，在规范课堂的同时，又要激励课堂，最大程度地发掘课堂潜力，调动师生的积极性。在制订课堂相关制度时，必须以职业院校教育教学活动的客观规律为依据。既有约束，又充分尊重差异，从而将带有强制性的要求变为师生的自觉行为。以教学评价制度为例。课堂教学评价借助科学的工具来判断教学的效果，衡量教学实施的有效程度。对于职业院校来讲，构建符合职业教育要求的教学评价制度，对师生参加的教学活动进行动态综合评价。因此，生态视角下的教学评价是一种多元评价，表现为：①评价主体的多元化。评价主体由单一倾向于多元，推动职业学校、评估机构、行业企业组织等多元主体的参与，扩大了教学评价主体的范围；②评价内容的多元化。不仅注重对教师的教学行为的评价，也注重对学生的学习方法、学习参与的评价；③评价方法的多元化。既可以采用访谈法，也可以采用观察法，质的评价与量的评价相结合，外部评价与自我评价相结合。教学评价贯穿于教学实施的全过程，根本目的在于促进师生的发展。

3. 文化环境

从广义上看，教育本身就属于文化范畴。"教育是文化的表现形式，是文化的一个重要组成部分。"❶ 文化是抽象的，是课堂不可缺失的最

---

❶ 郑金洲. 教育文化学［M］. 北京：人民教育出版社，2000：8.

本质的东西。课堂文化环境是指在课堂教学中，学生和教师所共同拥有的价值体系和行为方式。师生互动教学在同一个空间内，形成了特定的多元的课堂文化场域，课堂文化"以群体间的关系和活动为载体，教师和学生中任何一个方面的活动及所体现出的文化特征"❶。在不同的教学理念引导下，不同的教师、不同的学生相互之间互动交流，逐渐融合成特有的课堂文化。文化环境是在长期的课堂教学活动中形成的，没有文化环境的营造，课堂教学必将走向形式化。相比于制度环境，文化环境偏向于软性环境，是课堂教学拥有的相对稳定的群体心理定势和精神状态，是在长期工作学习生活中所选择、凝练、传承、发展而成的，是师生所共同遵循课堂精神、教学理念、价值传统、意识追求、理想信念等的整合体。蕴含课堂教学共同价值追求和理想信念在内的精神氛围，"课堂教学总是存在着某种文化，不管我们是否意识到，学生都在进行着某种'文化适应'"❷。积极的课堂气氛有利于学生积极参与教学活动。例如，班风是班级中所有成员在长期交往中形成的行为风格，体现出的群体心理定势和心理特征。班风影响着班级中的每一个成员，对成员具有激励和规范作用；学风是课堂中群体学习行为作风和状态，体现在学习态度上表现为学习动机、学习兴趣、学习自信心，同样对学生参与学习具有推动作用。班风和学风是一种无形的环境因素，同时也是一种巨大的教育力量，能构成一个强有力的文化磁场，塑造着学生的态度和价值观念，影响教室的学习活动。因此，文化环境是职业院校课堂环境的深层表现形式，具有职教特色的职业院校课堂文化，有利于培养高素质技术技能型人才，促进职业院校学生职业素质的全面发展。文化环境是职业院校课堂环境的核心与灵魂，影响着物质环境、制度环境。除了上述学校共性的文化因素外，职业院校课堂生态文化环境还包括了职业理想、职业态度、职业信誉和职业作风等要素。

4. 企业

对于职业院校来讲，用人单位主要是指企业。企业是以生产、销售和服务为主体活动的经济实体，"企业是劳动力的就业场所，是劳动力

---

❶ 郑金洲. 教育文化学［M］. 北京：人民教育出版社，2000：288.
❷ 钟启泉. 课程改革的文化使命［J］. 人民教育，2004（8）：10.

需求数量与规格的第一知觉者，同时也是重要的教育场所"❶。企业与职业教育有着天然联系。从职业教育的产生之初，职业教育就与企业缠绕在一起。现代职业教育要求企业直接参与职业教育的教学过程，为职业院校教学提供实践性岗位，与职业院校开展课程建设。在某种程度上，企业既是职业院校教学的消费者和投资者，又是教学的实践合作者。一方面，企业为课堂教学标准的制定提供依据和来源，企业是课堂教学标准开发主体之一，企业拥有一批技术专家，掌握知识技能的使用情况，了解职业活动对能力的要求。企业以职业能力为出发点和落脚点，参与课堂教学标准开发；另一方面，企业也是教学实施过程的推动者，企业与职业学校共同进行人才培养，参与研究和制定教学方案、教学计划和教学内容，以"工学交替"的方式在学校和企业分别进行教学，交替进行理论学习和岗位技能实践训练，充分整合共享职业学校和企业的教育资源，企业全方位整体深层参与到职业院校课堂教学中。企业还是教学实施的重要场所。

具体来讲，企业参与职业院校课堂教学活动包括以下四个方面。①企业参与教材的编写。企业技术骨干在长期的工作经验中，对生产、建设、管理等一线岗位的知识、技能和素质有深刻了解。可以由企业骨干与专业教师共同进行教学内容的选择和教材编写，从职业岗位的性质、任务、责任等方面对职业岗位进行分析，细化为工作所需要的知识、技能和素质，分析与工作任务对应的知识、能力和素质要求，将其中精华部分吸收进教材。②企业参与实训基地建设。实训基地是职业院校人才培养的物质基础，企业拥有的资金、技术、技术人员是实训基地建设的必要补充。企业作为职业教育的投资者，在实习实训基地建设方面能够提供投资，为职业院校提供实践教学的硬件资源。企业拥有较为先进的技术和设备，能够弥补职业院校在实习实训中设备不足的情况。企业参与实训基地建设有利于营造真实的工作环境，使学生把知识和技术学习与工作任务直接联系起来，让学生有机会在真实的工作情境开展学习。为学生实训提供硬件条件，强化学生技能提升、操作能力提高。

---

❶ 肖凤翔，井泉. 职业教育国家资格框架利益主体关系探析［J］. 职教论坛，2014 (19)：11.

③企业参与师资队伍建设。企业为职业院校专业教师提供实践培训，增强教师的专业技能、实现理论知识和实践技能的整合，有效地补充教师的实践技能不足。企业内大量一线技术专家是职业院校师资队伍的有益补充，可以作为兼职教师参与教学或实习指导，解决职业院校专任教师数量不足的问题。④企业参与教学质量评价。企业对课堂教学评价更能够反映出教学质量的社会适应度，也更加客观可信，更能反映职业院校课堂教学存在的问题，在一定程度上促进职业院校对课堂教学进行改进和优化，提高教学质量。

三、职业院校课堂生态特点与功能

（一）特点

1. 整体性

整体性是职业院校课堂生态最为基本的特征。生态思维是一种整体性思维，往往从整体视角研究事物内在的联系及变化发展，认为系统是由内在各要素之间非线性相互作用构成的有机整体。教育生态学认为，教育系统内各因子相互联系、相互作用构成整体，生态系统中各个要素是紧密联系在一起的，呈现为一个不可分割的有机整体。教育生态系统形成的前提是教育生态要素与环境之间构成统一整体，形成稳定结构，组成生态系统。

职业院校是一个有机联系的整体，学校内每一个要素都不是孤立的，具有普遍的、广泛交错的联系，形成各自规律。课堂是职业院校系统中有机组成部分，也是一个环环相扣的整体系统。整体性要求在研究课堂生态时，应充分考虑到课堂内部要素以及课堂环境之间的相互关系。职业院校课堂生态中的主客体和生态环境都有独特属性，不可能被替代，它们相互作用、互相联系，共同组成了课堂生态系统。课堂生态形成了一个有机的、不可分割的整体。构成课堂生态系统的主客体和生态环境虽然具有不同的特性，但是通过整合之后形成了特定的功能。整体的功能大于各部分功能简单相加，产生了倍增的效果，使得自身整体效益的最大化。

课堂生态的整体性也表现在自组织运行方面，也就是"系统的要素按照彼此的相关性、协同性或默契而形成特定结构与功能的过程"❶。各个课堂生态因素之间统一协调，逐渐从无序走向有序。在功能上组成一个统一的整体，形成稳定的生态结构，构成一个和谐的统一体。在职业院校课堂生态中，教师、学生、教学内容、教学方式、教学环境与用人单位等水乳交融，师生围绕课堂教学内容和方式，在教学环境影响下，以动态生成的方式达成目标，提升整体生态效益，促进课堂整体发展。具体来看，课堂生态表现在以下四个方面。首先，师生关系整体性。课堂生态要求把教师和学生整合到一个共同体当中，双方全心全意投入教学活动中。其次，教学内容和教学方式的整体性。教学内容由不同的知识点组成，同时加以多种多样的教学方法和手段，这些部分组成一个有机整体，发挥着整体功效。再次，教学环境的整体性。教学环境由物质环境、制度环境与文化环境组成，三大环境因素天然融合到一起，共同对教学活动起着整体作用。最后，内外部因素的整体性。职业院校课堂生态外部因素——用人单位，全面影响课堂教学中的主客体及内部环境，内外部因素全面融合成一个整体。正是由于上述四个部分的整体性，形成了教学效果的整体性，也就是在培养职业院校学生过程中，以复合型技术技能人才为目标，既要重视基本知识和基本技能的传授学习，又要重视对实践技能的培养。

2. 互动性

生态学中的互动进化原理表明，在自然生态系统中，物种之间存在着多样的竞争合作关系，在进化过程中发展了相互适应的特性，导致生物的进化过程是互动进行的，形成了相互交织的演化轨迹。互动性强调了生物之间及生物与环境之间相互依存的特点。

传统的课堂认为师生关系是单向的，教师向学生单向传递信息，忽视了学生向教师反馈信息的过程，忽视了信息的彼此递进关系。苏霍姆林斯基曾指出："课堂困惑和失败的根源就在于，教师忘了上课是师生的共同劳动。"❷ 教育生态学认为教育系统中一切主体都是平等的，教师与学生之间的关系也应该是平等的，在自然状态下师生平等相互交

❶ 邓平修. 自然辩证法概论［M］. 广州：广东高等教育出版社，1998：68.
❷ 戚业国. 课堂管理与沟通［M］. 北京：北京师范大学出版社，2005：9.

流。教师通过与学生的互动，反思自己的教学行为和教学过程，形成对教学新的体会。学生通过与教师的互动，产生对知识和技能的新观点。通过连续循环的过程，不断交互影响。

职业院校课堂生态力求师生之间是一种在交往的基础上形成的互动关系，在职业院校课堂生态内部，师生之间进行着信息交换传递。师生既是信息的发布者，又是信息的接收者，没有教师的教学活动，学生学习活动无方向，很难推进下去。没有学生的学习行为，教师的教学活动无意义。当教学活动开始的时候，信息伴随着教学的开展在各生态主体之间流动，在教学过程中，以双向理解尊重为导向，教师和学生不断交换，彼此适应对方，建构起师生间互动的通道和桥梁。职业院校课堂生态要求教学过程是教师和学生为完成教学任务，围绕教学内容，通过互动和合作，以动态的方式产生教学绩效的过程。要求教师融入与学生的共存共生的情境中，拉近与学生的距离，重视学生的亲身体验，承认学生的主体性，给予学生自由地表达自己见解的权力，师生相互交流，形成互动的状态，达成教学过程中师生互动的动态平衡。互动性除了表现为师生之间的互动，还表现为学生之间互动。学生是课堂生态主体之一，学生之间的互动对课堂教学活动有着重要的影响，良好的生生互动有利于教学工作的开展和学习效率的提高。例如，在小组合作学习中，学生互动可以使不同认知结构、思维风格的学生得到互补，有利于学生的主动性和创造性的发挥。在合作学习情境中，学生之间是一种相互依赖、共同促进的关系，学生相互合作，在相互探讨中形成共同观点，完成学习目标。

3. 平衡性

平衡性原理指出，平衡与失衡是生态系统中的两对基本关系，生态系统中各种活动都是这两对基本关系的结果。生态系统天生具有动态平衡的动力，能够根据外界环境发展及内部结构进行自我调节，努力形成动态平衡的关系。"生态平衡最初是由英国植物学家 Tansley 于 1973 年提出的。意即一定时间内生态系统中的生物与环境之间、生物各个种群之间，通过能量流动、物质循环和信息传递，达到高度适应、协调和统一的状态。"❶ 平衡性要求生态系统的结构与功能，输入和输出处于相对稳定的状态。系统处在环境之中，总要与外界进行能量、物质、信息交换，当来自外部的力量进入生态系统后，课堂生态所受的外界干扰超过自身调节时，破坏现有平衡状态，为了达到新平衡，生态系统会合理调配比例关系，保持生态系统内部的动态稳定。

由于课堂生态中不平衡的存在，才使得课堂生态的演进产生了动力，向着更高的螺旋式前进。职业院校课堂生态力求教学过程诸要素之间处于一种平衡的状态，平衡主要表现为结构上的平衡、功能上的平衡、输入与输出信息、物质和能量的平衡。平衡性是课堂生态系统理想状态，各种要素之间的关系保持平衡。这里的平衡并不是固定平衡，而是动态平衡。动态平衡是指课堂一直处于由平衡和不平衡的循环往复、螺旋上升发展过程，从较低层次的平衡状态到达较高层次的平衡。在动态平衡的状态下，生态系统的结构和功能相对稳定，课堂生态各要素各司其职，自动调节，主动地调整自身的各种不平衡状态，以维持课堂生态的平衡。课堂生态系统经过由简单到复杂的长期深化发展，最后形成相对稳定状态，使课堂生态系统的结构更合理，功能更完善，效益更高。生态平衡是职业院校课堂生态保持正常的重要条件，为课堂教学提供适宜的条件。例如，在学生培养过程中，通过课堂生态系统内部的自发平衡活动，促使课堂生态的功能得以最佳的发挥，激发学生的自主意识，挖掘潜能，促进学生的自我超越和提高，培养出社会所需的技术技能型专业人才。

4. 多样性

自然界中生物物种多种多样，使得自然界稳定繁荣并持续发展。生态系统的繁荣发展是以物种的多样性为基础的，生物多样性是描述自然界中生命形式多样性程度，多样性是生态系统不可缺少的组成部分。同时，生态环境中的多种生物联系起来形成链条，组成生态链。生态链并不是简单的单一线性关系，而是多样的网状关系，包括横向链、纵向链和交错链。这些错综复杂的链条，也使得生态形态呈现出多样性。

与自然界中的生物多样性相似，职业院校课堂生态也具有多样性特

---

❶ 吴鼎福，诸文蔚. 教育生态学 ［M］. 南京：江苏教育出版社，2000：209.

点。职业院校课堂生态由多要素构成，是一个纵向与横向结构立体交织，宏观与微观相互渗透的多维系统。整个课堂生态系统是立体的、多样的。各种因素之间相互融合、相互影响。各个因素自身组成成分多样，而且因素之间关系错综多样，各种关系还会随着环境变化而变化。在职业院校课堂生态中，必须坚持多样性，用多样的标准衡量课堂教学，发挥生态特点，推动课堂教学成长。例如，在职业院校课堂生态主体中，每个学生都具有独特的一面，都是千姿百态、独具特色的。每个学生的心理特征也各不相同，有的活泼好动，有的沉默寡言。每个教师也不同，教师教学行为的多样，在教同一内容时讲解的方法不同，处理问题的方法也不同。要求从不同层面、不同角度、不同的立场看待师生，根据教学特点有针对性地设计教学方式和手段。

5. 开放性

开放性是相对于封闭性而言的，开放是一个生态系统实现有序的必要条件。开放意味着系统内外各要素之间彼此关联，存在多元互动交换，只有开放才能不断与外界进行信息、资源和能量交换。当前是开放的社会，课堂教学过程就是一个信息、资源和能量交流的过程。职业院校课堂内的教学活动并不是孤立的，课堂与外部系统是相互依存的，受到外部环境的影响和制约，同时作用反馈于外部环境。开放性要求职业院校课堂的自我发展诉求，打破传统教学模式封闭、预设的格局，在课堂中树立开放意识。任何课堂想要持续发展，必须保持对外界的开放，经历从简单到复杂、无序到有序的发展过程。

职业教育是社会发展到一定阶段的产物。职业教育先天性地受制于所在区域的经济、文化、科技等因素的影响，同时通过培养高质量人才促进当地经济、文化、科技的发展。"课堂生态系统需建立开放的课堂生态系统，保证课堂生态中的人才培养符合社会期望，适应且能促进社会发展。"❶ 职业院校课堂只有面向市场、走向市场、适应市场，面向市场培育需要的人才，才能适应社会的发展需要。除了面向市场外，职业院校课堂生态开放性还体现在以下四个方面。①教师与学生互相开放。也就是教师和学生打开心怀，实现彼此理解和融合。②教学方式的

---

❶ 吴林富. 教育生态管理［M］. 天津：天津教育出版社，2006：170.

开放。教师在教学过程中，采取开放的心态，根据具体的教学情境调整教学方法和手段。③教学内容的开放。教学内容与时俱进，不断更新，吸收借鉴，同时教学内容不局限于课本，还包括教材之外的知识和技能，更符合教学发展规律。④教学环境的开放。教学环境中的物质、文化、制度等因素保持与外界环境密切联系，随时吸纳职业教育发展中的新思想、新制度、新观念，同步优化，创造最佳的环境，促进教学活动开展。

总之，开放性是课堂生态系统不断发展的动力源泉，是实现课堂的自我发展的重要途径。职业院校课堂不是孤立的，而是与外部其他因素相互依存和紧密联系的。职业院校课堂为保持自身发展通过不断与外部环境进行物质、信息和能量的交换，不断优化得以实现。

6. 跨界性

跨界性是职业教育的基本属性，职业教育既不是单纯的普通教育，也不是纯粹培训，它是一种跨界的教育。"作为一种教育类型，职业教育与普通教育的本质区别在于，就业导向的职业教育已跨越了传统学校的界域，跨界的职业教育必须有跨界的思考。"❶ 跨界性要求跳出职业教育看职业教育，跳出职业院校看职业院校，跳出职业院校课堂看职业院校课堂。

作为一个复杂的社会生态系统中的子系统，职业院校课堂与企业之间关系呈现出由松散到紧密、由低级到高级的变化趋势。合作紧密程度逐渐升级，从松散型关系发展为合作型关系，进而成为共同体关系。共同体关系是校企经过均衡调整之后形成的、关系稳固程度最高的跨界组织关系。职业教育课堂教学应充分反映经济社会对技术技能型人才的新要求，所培养的人才应该既有操作能力，也懂得现代科技知识，并能熟练参与职业实践。职业院校课堂教学的"跨界"是跨越职业院校课堂本身的狭小边界，打通职业院校与企业的相互壁垒，深化校企合作关系，实现职业院校人才培养与企业人才需求的双向满足。跨界性要求加强职业教育系统和劳动力市场联系，职业院校和企业在共同的愿景与约定基础上，通过合力作用产生积极的联结效应。校企合作制定人才培养方案，企业作为实习实训基地，学生充分运用职业院校和企业不同教育

❶ 姜大源. 职业教育必须有跨界思考［N］. 人民政协报，2011－01－26.

资源，在校习得理论知识的同时也参与到企业生产实习。职业院校教学以理论知识为主，辅以实验训练，企业以实训、顶岗实习等实践性学习为主，充分发挥职业院校和企业两个基地的优势，使得学生的理论学习与生产实践有机结合，建立起职业院校与社会的紧密联系。

（二）功能

课堂是教育系统中的一个子系统，有着自身的结构与功能，不断地进行着自我调节，职业院校课堂生态功能大致可分为导向功能、激励功能和发展功能。

1. 导向功能

教育教学是有目的、有计划的活动，导向功能更多是从未来方向上面进行指引。课堂生态强调导向性。不仅引导学生学习文化知识，而且引导学生价值观与思维方式发展。一方面，职业院校课堂生态系统通过教学内容与教学方式，形成有效的教学策略，要求教学内容符合课程发展方向，引导学生主动接受教学内容，完成培养目标；同时，相关思想渗透在课堂生态文化中，形成一种强大约束力，引导着学生的思想，规范着学生的行为，使学生向着所设定的方向发展。另外，教学环境当中的制度，明确规定了课堂学习目标和方向，使得学生与教师都能够明确应该做什么，怎么做，不会出现盲目的行为和现象。另一方面，教师是学生学习活动的伙伴，充当着引导者角色，教师不是一味地单调讲授，教师要设计课堂教学活动的进程，指导学生确立学习目标，引导学生学会学习。同时，引导学生采用多种形式获取知识，自主进行学习调控，积极地进行知识建构，引导学生自主解决问题。教师不只是学生知识的引路人，更是学生全面发展的领航人，除了引导学生掌握知识，更应该引导学生形成正确的人生价值观，促进学生的个性完善和发展。

2. 激励功能

激励功能是指良好的课堂生态可以有效激励教师与学生的热情和积极性，引起师生情感上的共鸣，推动课堂教学效果的改进和优化。一方面是课堂环境的激励功能。课堂环境创造出一个宽松、自由的环境，激发学生能动地投入学习过程，最大程度地满足学生从事学习活动的需求，增强学生求知欲，激励学生以更大的积极性投入学习中。课堂环境中的文化和制度，分别对学生的学习活动产生激励效果。文化偏软，其中的学风班风，对于学生学习活动起到激励推动作用，积极向上的文化氛围使得学生不断克服学习过程中的困难，永往直前。积极向上的课堂气氛，团结友爱的人际关系，这些环境因素都能给学生心理上带来极大的激励，从而推进课堂教学活动的高效开展；制度偏硬，使用相对强制的手段对学生学习行为进行激励。例如，传统课堂中的评价制度压制了学生的学习积极性。课堂生态环境中的评价制度，通过多元评价等手段的激励，使学生成为主动学习者。软硬两个方面结合在一起，共同促进学生学习效果的提升。另一方面是教学内容激励功能。只有能够吸引学生兴趣和注意力的教学内容才能够真正激励学生学习，也就是说，通过精心选择和设计教学内容，不断调整原有的教学预案，对教学内容进行重构，包括对教学内容的增加、删减以及修改，让学生能够喜欢所学的知识，发挥教学内容的激励功能。

3. 发展功能

发展功能是指课堂生态在自我发展的同时，也在推动生态主体全面发展、可持续发展，追求最优化演进。相对于传统课堂教学活动，课堂生态把师生看成是一个生态自主体，具有自主学习发展的动力和积极性。系统论的观点认为，系统是在不断发展进化的，课堂生态要求课堂在内在机制的驱动下，从粗糙向细致、从简单向复杂方向发展，从而不断地由无序状态达到更具有适应性的有序状态。同时，课堂生态是学生成长的重要环境，对于学生的知识、技能、情感、态度、价值观等形成至关重要，课堂生态将学生全面可持续发展作为重要的目标与使命。课堂生态中学生的发展，是一个知、情、意的生长过程。学生在发展过程中，可以自觉地调整心态以适应特定环境生态的要求，促进自我的生长。课堂生态优化不仅是为学生当下负责，还要为他们今后的发展负责。关注学生离开课堂，进入社会后，是否有独立发展的能力，是否能够实现自我持续发展。课堂生态同样是教师发展的场所，为教师发展提供了广阔的空间。在教学过程中，有许多潜在的促使教师学习成长的因素。例如，课堂中有丰富课程资源，教师始终都在与课程发生交互作用，受到课程影响，同时教师时刻受到学生学习发展的需求，以及感受到社会对自身角色的期待，教师努力适应课堂教学改革的需要，更新观念，丰富知识，提高素养，在这个过程中，教师得到了持续发展。

第三章　职业院校课堂生态影响因素

　　从生态视阈来看，课堂本质上是一个由师生学习共同体与其外部环境构成的、具有生命特质的，能通过物质循环和能量流动相互作用、相互依存而构成的具有动态性、自我调节能力的微观生态系统。[1]　作为教育生态的微观层级[2]，课堂生态也具备了自然生态系统的形态结构与运行机制。在形态结构上，课堂拥有师生有机体和课堂外部环境等结构要素。在运行机制上，通过课堂活动能实现师生与环境间物质与能量循环及信息交换。教师、学生、环境作为课堂生态的组成要素，具有客观实在性，是不以人的意志为转移的"实然"状态，而"生态课堂"则是各要素达成的最优状态，具有主观人为性与建设性，是"应然"状态。迄今，课堂生态定义虽未达成共识，但理解视角基本一致，即运用生态学理论探索课堂生态因子，用生态学规律分析课堂问题[3]，具体则通过分析学生、教师等参与主体与课堂环境的动态关联，表现出独特的课堂特征，外显出差异化的课堂形态，最终实现学生生命和谐发展的目标。

　　已有课堂生态研究多面向基础教育，鲜少针对职业教育。"职业教育与普通教育是两种不同教育类型，具有同等重要地位"，由于职业教育具有教学对象的特殊性、教学目标的多元性、教学内容的综合性、教学过程的探究性、教学方法的多样性、师生互动的高频性、教学环境的复杂性等特点，职业教育课堂生态有别于基础教育，因而已有课堂生态研究的规律与结论并不适用于职教课堂。特别是在当下职业教育面临高

---

[1]　钟耕深. 商业生态理论及其发展方向 [J]. 东岳论丛，2009 (6)：27-33.

[2]　邵志明. 职业教育混合式教学实现"双线融合"的价值意蕴、作用机理与实践路径 [J]. 中国职业技术教育，2021 (8)：23-31.

[3]　傅海伦，吴珊珊，张晓芸. 数学生态课堂的特征及模型构建 [J]. 教学与管理，2020 (10)：105-107.

质量发展的时代新要求背景下，亟待探寻职业院校课堂生态因子及其交互作用，为更好优化职教课堂生态系统奠定基础。

一、基于系统动力学的职业院校课堂生态影响因素[1]

（一）职业院校课堂生态系统的结构要素分析

教师、学生、环境是课堂生态系统的三大结构要素，教师与学生担负着不同角色，课堂物质与精神环境共同构筑了课堂生态环境或课堂氛围，如图3-1所示。要勾勒职业院校课堂生态结构，须进一步厘清教师、学生、环境三大要素间的关系。课堂作为一个有机整体，要素间并非简单叠加，而是存在多维度关系，教师和学生是人与人之间的关系，两者相互依存、缺一不可；师生与课堂环境则是人与环境的关系，以课程为纽带的师生课堂活动也不可能脱离具体的课堂环境，而环境也非独立于师生之外的客观存在，其也会受师生课堂行为的影响。鉴于课堂生态要素之间非线性的交互作用，对其研究应以整体的、联系的、动态的视角探究三者之间客观存在的本质规律，并进一步厘清各要素间的作用路径与影响程度。

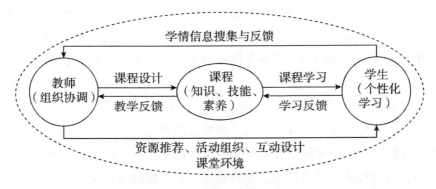

图3-1 课堂生态系统的结构要素

迄今，已有不少学者从生态学视角审视课堂中的生态因子及因子间的交互作用。管月飞（2007）[2]提出课堂生态因素包括人的因素、物的

---

[1] 本部分主要内容曾在期刊发表，具体信息如下：周芳，李德方. 基于系统动力学的职业院校课堂生态影响因素及其作用分析［J］. 江苏高教，2022（11）.

[2] 管月飞. 论生态课堂及其构建［D］. 芜湖：安徽师范大学，2007.

因素和精神因素，其具体内涵包括课堂中的环境生态、文化生态、心理生态与行为生态；罗定志（2006）❶认为课堂生态主要受物质因素、制度因素、文化因素、心理因素的影响；孙芙蓉和谢利民（2006）❷提出课堂生态是教师、学生、环境、教学信息之间相互联系、交互作用所构成的生态系统或网络。

已有课堂生态影响因子的研究主要分析了影响课堂生态的主要因素，但对这些因子的作用链路及影响程度并未做深度解析。由于职业教育课堂生态系统本身的复杂性与动态性，各生态因子往往数据不充分或部分数据难以量化，事实上面临着认识困境。系统动力学（System Dynamics）方法不仅具有整体性、层次性、环境适应与动态性、有序性特征，还能借助各因子间的因果关系、有限数据、系统结构进行推算分析。因而，运用系统动力学构建职业院校课堂生态动力系统可以有效解决上述困难，以便更好解析生态因子间的影响结构及交互作用。

（二）基于系统动力学的职业院校课堂生态影响因素

作为一种独特的生态，职业院校课堂生态具有整体性、共变性、和谐性、共生性等生态特征，构成职业院校课堂生态的各要素间彼此联系、相互作用，形成不可分割的统一整体。本研究根据课堂生态系统影响要素所起作用的不同，将职业院校课堂生态动力系统细分为彼此制约又相互协调的环境动力系统和主体动力系统，并进一步梳理这两个子系统包含的生态因子及交互作用。

1. 职业院校课堂生态环境动力系统的相关因子

职业院校课堂生态环境动力系统是指课堂参与主体的生活环境，能维持并推动参与主体课堂交互活动的生态因子所构成的整体，涉及动力环境、动力酶体、动力对象、动力载体、动力保障等因子。

（1）动力环境因子

包括各级各类政府的职教政策、法规、文件等制度因素，物质环境，以及文化环境等，为课堂生态系统中要素间物质、能量、信息传递提供环境支撑。制度因素是有关职业院校课堂教学活动的规范性因素，

❶ 罗定志. 新课程理念下的生态课堂［J］. 绍兴文理学院学报，2005（4）：117.
❷ 孙芙蓉，谢利民. 国外课堂生态研究与启示［J］. 比较教育研究，2006（10）：88.

是师生共同遵循的准则，有来自社会和学校的制度，也有来自教师和班级的制度，还存在于师生协议或学生协商形成的非正式群体约定中。物质环境是课堂活动中的自然环境、时空环境、教学设施等，其中教室的大小、亮度、湿度和通风状况属于自然环境，课堂活动安排、课桌椅摆放等属于时空环境，课堂上所使用的各种教学媒介和学生使用的学习工具则是教学设施。文化环境主要包括校园文化、班级精神、团队氛围等文化因素，具体包括信仰、价值、习俗、习惯等内因文化和外显、物化的人工物品及符号化的物质文化。

（2）动力酶体因子

这是课堂动力系统的激发者与维持者。其中，教师是职业院校课堂生态中最重要的动力酶体因子，教师作为课堂活动的组织者，引导学生把握专业知识与技能，并在职业道德与素养养成中获得有形和无形的"物质营养"。因而，具有卓越学识、智慧、品格、组织、协调、管理能力的职业院校教师对课堂动力系统具有强化与调控作用，能更好激发、维持课堂动力系统的运行，形成师间、生生间、师生与环境间交互影响、相互适应的统一整体。

（3）动力对象因子

这是课堂生态动力系统要驱动的对象。课程是职业院校课堂生态系统中最重要的动力对象，即驱动职业院校学生掌握课程的核心知识、专业技能与价值要求，对学生形成积极主动的学习态度、意志等具有助推作用。因而，设计具有知识性、逻辑性、发展性的课程与教材是提升职业院校学生专业知识、技能与素养，获得可持续发展能力的重要推动力。

（4）动力载体因子

承载着动力传递或转换的方向，涉及职业院校课堂组织形式、现代信息技术应用等。其中，合作探究、小组讨论、分组实验、自主学习等是职业院校常用的课堂教学组织形式，以此助推学生专业知识、技能与素养的内化与提升；多媒体技术、网络技术、虚拟现实技术、人工智能技术等现代信息技术是职业院校课堂传递知识与技能的重要工具，能更好助推师生、生生与课堂环境的交互作用，赋予课堂教育教学功能。

（5）动力保障因子

它是保障生态系统参与主体个性发展、和谐、快乐、生成、互动、高效、智慧质量的因素。其中,教学质量评价是诊断、导向与激励职业院校课堂生态系统主体的重要因子,发展性评价、过程性评价、增值性评价等新型的评价方式,不仅能更全面反映学生在课程学习中对专业知识与技能的掌握情况,更能凸显主体在课堂活动中学习动机的唤醒、学习习惯的养成、思维品质的提升程度,进而引导、激励主体从认知领域向生命全域整体的和谐发展。

2. 职业院校课堂生态主体动力系统的相关因子

职业院校课堂生态主体动力系统是基于课堂参与主体的相关因子,与环境动力系统共同构筑相互影响、彼此联系的有机整体。职业院校课堂生态主体动力系统指教师、学生、企业专家等在参与课堂活动中各种力量所构成的有机整体,具体包括参与主体的认知、情感、意志等心理因素与行为因素。

在共同的理想、信念、价值观背景下,职业院校课堂生态主体动力系统中教师的动力因子包括心理意识、角色意识、行为表现等,如教师课堂教学时的情绪情感、言行举止、仪表仪态、专业素养、教学智慧、人格魅力等❶;参与主体学生的动力因子包括学习动机、学习需要、学习兴趣、学习认知、学习情感、专注程度、学习观念、合作意识、独立精神、参与程度、学习意志,以及学习目标、学习方法、学习荣誉感等。

二、职业院校课堂生态动力系统基模构建

作为承载物质、能量、信息的课堂,是将学生个性发展需求与课堂生态育人价值相契合,通过平等的师生、生生以及与外部环境的交互,打造"学生为中心"的人本课堂,聚焦"深度学习"的生成性课堂、注重"知识整体融合"的智慧课堂,实现"转知成智""转识成德"。❷

(一) 基模构建依据

鉴于职业院校课堂生态的整体性、动态性、复杂性,本研究运用系

❶ 罗定志. 新课程理念下的生态课堂 [J]. 绍兴文理学院学报, 2005 (4): 117.
❷ 汪传庚, 吕永. 核心素养背景下的生态课堂比较研究 [J]. 池州学院学报, 2019 (33): 156 – 158.

统动力学方法，以整体观替代传统的元素观，从职业院校课堂生态整体出发，将课堂中的生命系统与非生命系统作为反馈系统分别进行研究，并将其分成若干个具有因果关系网络的子系统，从而形成包含层次结构、功能演化及信息动态的职业院校课堂生态动力系统基模，确定模型的边界：动力要素与动力运行影响要素，并进一步探寻模型的主要反馈回路❶；随后针对系统实际观测信息建立计算机仿真模型与方程量纲，通过实施仿真实验检验结构模型的有效性，寻求改善系统行为的策略方法，使系统达到全局最优，为职业院校课堂生态系统决策提供依据。

（二）确定模型边界

模型边界是形成特定行为的最小部件，主要由动力要素、动力运行影响因素组成。本研究将职业院校课堂生态动力要素概括为：外部环境支持力、学习需求驱动力、学习兴趣推动力、学习信息黏合力、师生交互协调力、团队活动影响力、学习意志支持力、学习成效促动力。其中，外部环境支持力运行影响因素涉及各级各类职教政策制度法规、课堂物质环境、职教财政投入等；学习需求驱动力运行影响因素包括学习动机与需求、学习主动性等；学习兴趣驱动力运行影响因素涉及学习兴趣、学习动机与需求、学习积极性等；学习信息黏合力运行影响因素涉及现代信息技术、学习动机与需求、课程要素、知识整合性、教师协调作用等；师生交互协调力运行影响因素涉及教师授课水平、教师协调作用、课堂物质环境、现代信息技术、课程要素等；团队活动影响力运行影响因素涉及学习动机与需求、学习兴趣、团队协作水平、教师协调作用、课堂组织形式等；学习意志支持力运行影响因素涉及学习需求与动机、学习兴趣、学习可持续性、课程要素等；学习成效促动力运行影响因素包括课程要素、学习评价、现代信息技术等。

（三）设计作用路径与反馈回路

基于系统动力学因果关系构想，本研究综合利用回路分析法设计职业院校课堂生态因子的作用路径，如图3-2所示。

职业院校课堂生态因子间存在复杂的耦合关系，图3-2显示了许

---

❶ 孙冰，张敏，王为．东北地区制造业产业自主创新动力机制［M］．北京：科学出版社，2012：108．

53

多回路，其中也有不少重叠现象。本研究遵循最大包络原则（回路最大限度包含所有动力要素）和最小支路原则（回路条数最少）筛选关键回路，探寻职业院校课堂生态系统因果关系的重要回路，如图 3 - 3 所示。

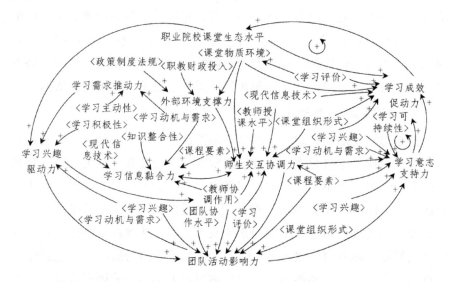

图 3 - 2　职业院校课堂生态动力系统的因果回路图

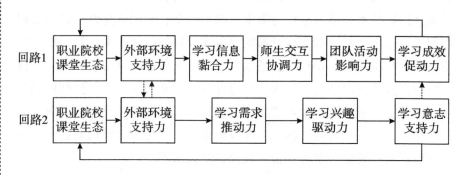

图 3 - 3　职业院校课堂生态动力要素的主要反馈回路

回路 1 反映了维持职业院校课堂生态动力系统的作用路径，回路 2 反映了激发职业院校课堂生态动力系统的作用路径，两条回路间的虚线表示维持动力系统与激发动力系统的关联性，即以外部环境支撑力为切入点，通过系统运行，由回路 2 的学习意志支持力转向回路 1 的学习成效促动力，提升职业院校课堂生态水平。

（四）建立影响因素结果树

基于职业院校课堂生态动力要素的作用路径与主要反馈回路，使用结果树分析法获取职业院校课堂生态动力系统运行的影响因素结果树。

1. 政策制度法规因素的结果树

图3-4反映出了各级各类职教政策、法规、文件对职业院校课堂生态的作用路径。首先，《关于推动现代职业教育高质量发展的意见》《职业教育提质培优行动计划（2020—2023年）》《深化新时代职业教育"双师型"教师队伍建设改革实施方案》《教育信息化2.0行动计划》《中国教育现代化2035》等职教政策法规文件作为课堂生态环境动力因子，以外部环境支持力为切入点，沿回路1作用于职业院校学习信息黏合力、师生交互协调力、团队活动影响力，进而影响学习成效促动力，助推职业院校课堂生态发展；同时，职教财政投入因素与政策制度法规因素的作用路径相似，所以职教财政投入因素的结果树与图3-4相同。

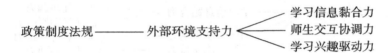

图3-4　政策制度法规因素的结果树

2. 课堂物质环境因素的结果树

图3-5反映出了课堂自然条件、课堂教学空间、课堂设施设备对职业院校课堂生态的作用路径。首先，课堂物质环境作为动力环境因子，以外部环境支持力为切入点，沿回路1作用于职业院校课堂学习信息黏合力、师生交互协调力、团队活动影响力，进而作用于学习成效促动力，助推职业院校课堂生态发展。其次，以师生交互协调力为切入点，作用于学习信息黏合力、团队活动影响力、学习意志支持力与学习成效促动力。其中，师生交互协调力在回路中得到了两次强化。

3. 学习动机与需求因素的结果树

如图3-6所示，学习动机与需求作为职业院校课堂生态主体动力因子，是维持课堂生态动力的重要因素，其通过作用于学习信息黏合力、团队活动影响力，对课程学习成效促动力产生间接影响。其中，团队活动影响力在回路1中得到两次强化；同时，学习动机与需求也是激发职业院校课堂生态动力系统运行的重要因素，沿回路2通过学生需求推动力作用于学生学习兴趣驱动力，并进一步影响学习意志支持力。另外，学生学习主动性因素的作用路径与学习动机与需求对学习需求推动力的作用路径基本相似。

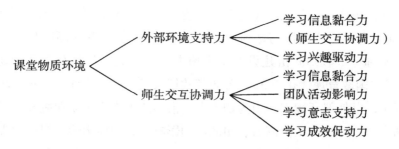

图3-5 课堂物质环境因素的结果树

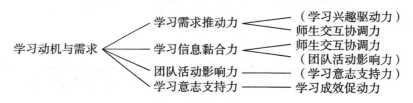

图3-6 学习动机与需求因素的结果树

4. 现代信息技术因素的结果树

如图3-7所示，现代信息技术作为职业院校课堂生态的动力载体因子，承载着课堂动力的传递或方向，对维持职业院校课堂生态起着重要作用。首先，多媒体技术、网络技术、虚拟现实技术、人工智能技术等现代信息技术被应用于职业院校课堂活动中，为学生营造仿真工作环境和任务过程，使其获得身临其境的岗位工作体验，增强学生课堂学习的信息黏合力，并进一步作用于师生交互协调力与团队活动影响力。其次，将移动互联网、大数据分析技术等应用于课堂教学中，根据学生个体学习情况与整体学习情况设计适合的课程内容与方法，更好提升师生间的交互作用和协调水平，并进一步作用于学习信息黏合力与团队活动影响力。再次，依托现代信息技术，帮助学生获取新颖奇特的专业资源与内容，提升课堂参与主体的能动性和创造性，调动学生对未知世界的好奇心与职业的兴趣点，有效推动课堂教学成效的跃升，从而维持回路1的正常运行，其中师生交互协调力、学习成效促动力在回路中得到两次强化。另外，知识整合性因素的作用路径与现代信息技术对学习信息黏合力的作用路径相同。

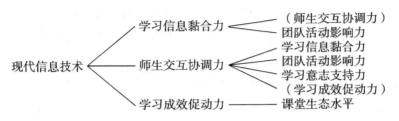

图 3 - 7　现代信息技术因素的结果树

5. 学习兴趣因素的结果树

如图 3 - 8 所示，学生在专业知识、专业技能等方面的学习兴趣作为职业院校课堂生态的主体动力因子，其影响范围几乎覆盖了所有的动力要素，对维持和激发动力系统都起着重要作用。首先，以学习兴趣驱动力为切入点作用于学习意志支持力，并由回路2转向回路1扩大其影响范围；其次，以学习兴趣驱动力为切入点，影响学习信息黏合力、师生交互协调力、团队活动影响力等动力要素，进而影响学习成效促动力，推进职业院校课堂生态的发展；最后，以学习意志支持力为切入点，通过激发动力系统和维持动力系统的耦合，由回路2转向回路1扩大影响范围。其中，师生交互协调力、团队活动影响力、学习意志支持力、学习成效促动力在回路中得到两次强化。另外，学生学习积极性因素的作用路径与学习兴趣因素对学习兴趣驱动力的作用路径相同。

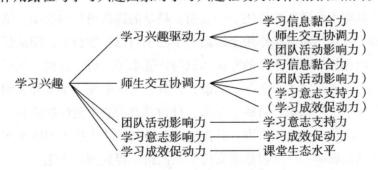

图 3 - 8　学习兴趣因素的结果树

6. 教师协调作用因素的结果树

如图 3-9 所示，教师在课堂教学、活动组织、信息整合中发挥着动力酶体作用，激发和维持职业院校课堂生态动力系统；同时，教师作为课堂生态重要的主体动力因子，直接参与课堂活动，对课堂生态系统产生直接影响。首先，教师以向学生传授知识与技能为己任，以师生交互协调力为起点带动学习信息黏合力、团队活动影响力与学习成效促动力，维持回路 1 的正常运行。其次，教师也肩负着立德树人，引导学生树立正确的世界观、人生观、价值观、就业观等，指导学生塑造健康的心理素质和良好的人格品质，提升职业道德与职业素养，以团队活动影响力为起点，带动学生意志支持力，激发回路 2 的运行，并由学生意志支持力作用于学生成效促动力，实现回路 2 到回路 1 的转向。另外，教师授课水平因素的作用路径与教师协调作用对师生交互协调力的作用路径相同。

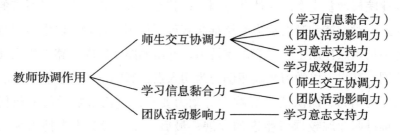

图 3-9 教师协调作用因素的结果树

7. 课程要素的结果树

如图 3-10 所示，课程作为职业院校课堂驱动的对象，其核心知识、专业技能与价值要求对培育学生形成积极主动的学习认知、情感、意志等具有十分重要的作用。一方面，科学的课程设计与组织，适合的教材编写或选用将直接作用于回路 1 中的学习信息黏合力、团队活动影响力，以此提升课堂主体的专业知识与技能水平。另一方面，在课程内容传递中，通过民主、平等、和谐、开放、共生的课堂生态开展团队活动，促使学生在知识、情感、意志、行为等方面获得更好的成长，在回路 2 中影响学习意志支持力，并由回路 2 转向回路 1 扩大影响范围，其中团队活动影响力、学习意志支持力在回路中得到两次强化。

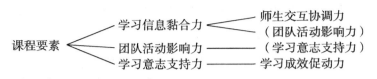

图 3 – 10　课程要素的结果树

8. 课堂组织形式因素的结果树

如图 3 – 11 所示，课堂组织形式作为职业院校课堂生态的动力载体，在维持、激发职业院校课堂生态中表现出了不可或缺性。一方面，通过小组讨论、分组实验、模拟实践、合作探究等课堂组织形式沿回路 1 作用于职业院校课堂生态动力系统中的师生交互协调力、团队活动影响力，如对参与程度、合作意识、独立精神的影响。另一方面，通过适当的课堂组织形式调动学生对动力对象课程所传递的专业知识、专业技能的认知与情感，沿回路 2 激发学生学习意志支持力，塑造学生课堂学习的学习情感、学习荣誉感等心理意识与角色意识，实现由回路 2 到回路 1 的转向，其中，团队活动影响力、学习成效促动力在回路中得到两次强化。另外，团队协作水平的作用路径与课堂组织形式因素对团队活动影响力的作用路径相同。

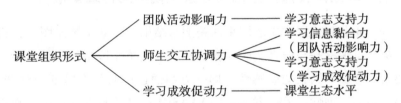

图 3 – 11　课堂组织形式因素的结果树

9. 学习评价因素的结果树

如图 3 – 12 所示，学习评价作为职业院校课堂生态动力保障因子，通过对课堂上学生所学专业知识、技能、素养等的评估反馈，可以保障课堂质量和生态系统的有序发展。一方面，选择适合职业院校课堂教学的评价方式沿回路 1 作用于职业院校课堂生态中的师生交互协调力、团队活动影响力、学习成效促动力。另一方面，通过对职业院校课堂教学中的主体认知、情感、意志、行动等的及时反馈调整，沿回路 2 激发学习意志支持力，保证参与主体在课堂活动中的互动性、高效率，进而由回路2转向回路1扩大作用范围，其中团队活动影响力、学习成效促动力在回路中得到两次强化。

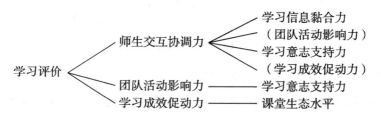

图3-12　学习评价因素的结果树

通过职业院校课堂生态因子的作用路径、主要反馈回路以及动力运行影响因素结果树分析，发现各影响因素对课堂生态动力系统的作用路径多以某一动力要素为切入点，沿动力回路扩大作用范围。其中，师生交互协调力、团队活动影响力是回路中多次强化的动力要素；此外，不同动力运行影响因素的作用范围不同，如现代信息技术、学习兴趣、学习动机与需求、教师协调作用、课堂组织形式等因素的影响范围较广，涉及的动力要素较多。

三、职业院校课堂生态动力系统模型的仿真模拟

基于职业院校课堂生态因果回路图与结果树建立系统流图、方程量纲，综合直观检验与仿真实验检验所建动力系统作用路径的科学性、动力要素对各影响因素的敏感性，即一方面通过调研数据验证变量选择、因果关系的合理性，另一方面运用 VENSIM 软件检验方程量纲，观察模型运行病态情况。

（一）创建系统动力学模型流图

选择职教生均财政投入（L1）、知识整合性（L2）、学习主动性（L3）、学习积极性（L4）、学习可持续性（L5）、教师授课水平（L6）、团队协作水平（L7）、课堂生态水平（L8）为水准变量；将外部环境支持力（R1）、学习信息黏合力（R2）、学习需求推动力（R3）、学习兴趣驱动力（R4）、学习意志支持力（R5）、师生交互协调力（R6）、团队活动影响力（R7）、学习成效促动力（R8）视为速率变量；将课堂物质环境（A1）、课堂组织形式（A2）安排为辅助变量，其余影响因

素政策制度法规（C1）、课程要素（C2）、学习动机与需求（C3）、学习兴趣（C4）、现代信息技术（C5）、教师协调作用（C6）、学习评价（C7）设为常量。随后，本研究运用 VENSIM 软件绘制职业院校课堂生态系统动力学模型流图（见图 3－13）。

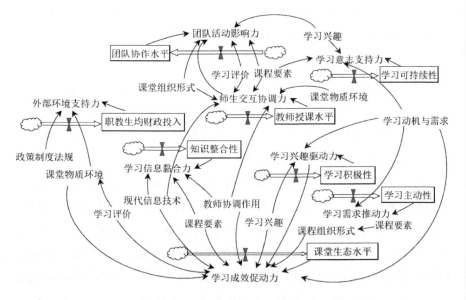

图 3－13　职业院校课堂生态系统动力学模型流图

（二）建立模型方程量纲

假设某一课程的课堂授课周数为 18 周，常数则按照 0～5 分划分等级，0 表示"极差"，1 表示"差"，2 表示"较差"，3 表示"中等"，4 表示"较好"，5 则表示"好"。❶

根据职业院校课堂生态系统动力学模型流图，建立具体的方程量纲（L 表示水准变量，R 表示速率变量，A 为辅助变量，C 为常量），其中，水准变量可以将其表示为：$L1 \cdot K = L1 \cdot J + DT * R1 \cdot JK$，$L2 \cdot K = L2 \cdot J + DT * R2 \cdot JK$，$L3 \cdot K = L3 \cdot J + DT * R3 \cdot JK$，$L4 \cdot K = L4 \cdot J + DT * R4 \cdot JK$，$L5 \cdot K = L5 \cdot J + DT * R5 \cdot JK$，$L6 \cdot K = L6 \cdot J + DT * R6 \cdot JK$，$L7 \cdot K = L7 \cdot J + DT * R7 \cdot JK$，$L8 \cdot K = L8 \cdot J + DT * R8 \cdot JK$；速率变量可以表示为：

---

❶ 韩心雨. 大学生隐性逃课关键因素分析及对策研究——基于系统动力学视角 [J]. 产业与科技论坛，2020（16）：109－112.

R1·KL＝（L1·K＋A1·K＋C1）/3，R2·KL＝（L2·K＋C2＋C5＋C6）/4，R3·KL＝（L3·K＋C3）/2，R4·KL＝（L4·K＋C3＋C4）/3，R5·KL＝（L5·K＋C2＋C3＋C4）/4，R6·KL＝（L6·K＋A1·K＋A2·K＋C2＋C5＋C6）/6，R7·KL＝（L7·K＋A2·K＋C2＋C4＋C7）/5，R8·KL＝（L8·K＋A1·K＋A2·K＋C2＋C3＋C4＋C5＋C6＋C7）/9；辅助变量可以表示为：A1·K＝（L1·K＋C7）/2，A2·K＝C2。

（三）仿真初值获取

由于职业院校课堂生态动力系统模型运行没有可参考的初值，本研究通过职业院校师生对课堂生态系统关键因素的评分均值作为模型仿真运行的基础值，随后通过调整关键因素常数值后的仿真运行结果来反馈课堂生态动力系统对该因素的敏感性❶。

本研究设计了"关于职业院校课堂生态影响因素作用程度"的调查问卷，面向江苏省内职业院校机电专业的师生开展深度调研。其中，面向江苏省内职业院校的专任教师发放问卷 100 份，回收有效问卷 84 份，问卷有效回收率为 84.00%。教师样本概况如表 3－1 所示，被调研专任教师中，本科学历比重最高，占比为 46.43%；职称比重最高的是讲师，占比为 54.76%；教龄 10～19 年的占比最高，达 34.52%；样本教师来自国家重点职业院校的比重最高，占比为 47.62%。

同时，本研究还面向江苏的职业院校机电专业学生发放问卷 100 份，回收的有效问卷为 92 份，问卷有效回收率达 92.00%。学生样本情况如表 3－2 所示，男生数量多于女生，这与职业院校机电专业学生的性别占比具有较高的一致性；二年级学生占比最高，为 48.91%，这部分学生对职业院校课堂教学体会较多，且具有较强的探索能力，能较好反映出学生对课堂生态的认知；样本学生来自中职、高职的比重较均衡，能较全面反映职业院校学生的整体现状；样本学生中来自重点院校比重达 93.48%，其中，国家重点院校占比 48.91%，省级重点院校为 33.70%，市级重点院校为 10.87%，能反映出职业院校学生对职业教育课堂生态的现状。

❶ 肖翠云，袁明智. 人力资本导向的广东省职业院校改革——系统动力学仿真与政策建议 [J]. 职业技术教育，2014（4）：25－29.

表 3-1 教师样本的基本信息

统计变量	频次	比重（%）	统计变量	频次	比重（%）
样本最高学历（$n=84$）			样本职称（$n=84$）		
博士研究生	15	17.86	教授	8	9.52
硕士研究生	28	33.33	副教授	19	22.62
本科	39	46.43	讲师	46	54.76
专科及以下	2	2.38	助教及其他	11	13.10
样本教龄（$n=84$）			样本所在院校类型（$n=84$）		
30 年以上	12	14.29	国家重点院校	40	47.62
20～29 年	17	20.24	省级重点院校	21	25.00
10～19 年	29	34.52	市级重点院校	12	14.29
0～9 年	26	30.95	普通院校	11	13.10

表 3-2 学生样本的基本信息

统计变量	频次	比重（%）	统计变量	频次	比重（%）
样本性别（$n=92$）			样本层次（$n=84$）		
男生	58	63.04	中职院校	41	44.57
女生	34	36.96	高职院校	51	55.43
样本年级（$n=92$）			样本所在院校类型（$n=92$）		
一年级	33	35.87	国家重点院校	45	48.91
二年级	45	48.91	省级重点院校	31	33.70
三年级	12	13.04	市级重点院校	10	10.87
四年级及以上	2	2.17	普通院校	6	6.52

　　研究中涉及的职业院校课堂生态动力系统关键因素常量包括政策制度法规、课程要素、学习动机与需求、学习兴趣、现代信息技术、教师协调作用、学习评价，这些常量可通过表 3-3 中对应的观测变量表示，由职业院校样本师生的评分来获取，评分标准采用 0～5 分等级分类定义来确定。

表3-3　职业院校课堂生态动力系统关键因素的观测方法

关键因素	具体条目
C1 政策制度法规	C_{11}：各级各类职业教育政策支持
	C_{12}：各级各类职业教育制度支持
	C_{13}：各级各类职业教育法律法规
C2 课程要素	C_{21}：课程核心内容与行业企业的适配性
	C_{22}：课程目标与学生认知的一致性
	C_{23}：教材知识性、逻辑性、发展性对学生学习的辅助作用
C3 学习动机与需求	C_{31}：提升专业知识的需求
	C_{32}：提升专业技能的需求
	C_{33}：提升职业素养的要求
C4 学习兴趣	C_{41}：对专业知识技能觉得有趣
	C_{42}：对专业知识技能感兴趣
	C_{43}：将专业知识技能作为志趣
C5 现代信息技术	C_{51}：多媒体计算机应用技术
	C_{52}：互联网、移动互联网技术
	C_{53}：线上教学资源库，如课件、微课、视频等资源
C6 教师协调作用	C_{61}：教师的课堂设计能力
	C_{62}：教师的课堂组织协调能力
	C_{63}：教师职业道德等人格魅力
C7 学习评价	C_{71}：对学习效果进行终结性评价
	C_{72}：对学习过程进行形成性评价
	C_{73}：对学习成就进行增值性评价

　　将江苏省内职业院校师生对政策制度法规、课程要素、学习动机与需求、学习兴趣、现代信息技术、教师协调作用、学习评价这七个要素具体条目的调研均值作为模型仿真实验的基础值，如表3-4中的运行方案 Run1 的运行数据。随后，分别调整这些要素对应的数值进行了8次仿真运行。其中，Run1 为基础运行，输入的是各要素的基础值；Run2～Run8 为仿真运行，其中，调整常量政策制度法规的数值，令为 Run2；调整常量课程要素的数值，令为 Run3；调整常量学习需求与动机的数值，令为 Run4；调整常量学习兴趣的数值，令为 Run5；调整常

量现代信息技术的数值，令为 Run6；调整常量教师协调作用的数值，令为 Run7；调整常量学习评价的数值，令为 Run8。具体仿真实验的运行结果如图 3-14 所示，横坐标表示课堂生态运行的周数，纵坐标则表示课堂生态水平值。

表 3-4 Run1～Run8 的具体运行方案

运行方案	政策制度法规	课程要素	学习动机与需求	学习兴趣	现代信息技术	教师协调作用	学习评价
Run1	3.45	3.78	3.17	3.08	3.34	3.22	3.42
Run2	(4.45)	3.78	3.17	3.08	3.34	3.22	3.42
Run3	3.45	(4.78)	3.17	3.08	3.34	3.22	3.42
Run4	3.45	3.78	(4.17)	3.08	3.34	3.22	3.42
Run5	3.45	3.78	3.17	(4.08)	3.34	3.22	3.42
Run6	3.45	3.78	3.17	3.08	(4.54)	3.22	3.42
Run7	3.45	3.78	3.17	3.08	3.34	(4.22)	3.42
Run8	3.45	3.78	3.17	3.08	3.34	3.22	(4.42)

从图 3-14 的仿真结果可以看出，随着时间推移，职业院校课堂生态水平不断提升，但从各次仿真实验运行结果来看，Run2、Run3 的仿真结果与 Run1 的结果几乎重叠，由此说明政策制度法规、课程要素的变化在职业院校课堂生态动力系统中的影响并不显著。与此同时，图 3-14 也显示了 Run4、Run5、Run7、Run8 的仿真结果与 Run1 的结果差距较为显著。

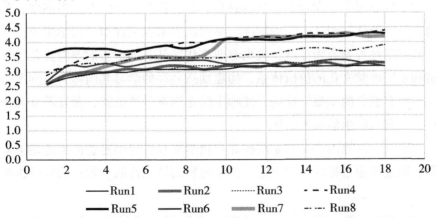

图 3-14 职业院校课堂生态动力系统运行影响因素数值变动的仿真结果

（四）仿真结果分析

由图 3-14 的仿真结果可以看出，随着时间推移，职业院校课堂生态水平不断提升。但从各次仿真实验运行结果来看，政策制度法规、课程要素的变化在职业院校课堂生态动力系统中的影响并不显著；学习兴趣、学习动机与需求、教师协调作用与学习评价这几个因素的变化对职业院校课堂生态动力系统具有显著影响。

1. 部分因素未对职业院校课堂生态动力系统产生显著影响的原因分析

针对职业院校课堂生态动力系统模型的仿真结果，结合职业院校课堂生态动力系统影响因素作用回路及结果树，可以从以下三个方面去探寻政策制度法规、课程要素的变化未对动力系统产生显著影响的原因。

第一，职业教育的政策制度法规等属于生态系统的环境动力因子，多以外部环境支持力为切入点对职业院校课堂生态动力系统中的学习信息黏合力、师生交互协调力、学习兴趣驱动力产生较为直接的影响，但其对系统中的学习成效促动力、课堂生态水平的作用较为间接，且影响范围较窄，这使得教师、学生等课堂参与主体对其影响作用的认知不够深入，造成 Run2 与 Run1 的运行结果差异并不显著。因此，要更好发挥职业教育课堂生态相关政策、制度、法规的影响力，须进一步加大对职教政策法规制度的宣传力度，提升职业院校师生的认知水平，助力职业院校课堂生态系统的有序运行；此外，课堂文化是教师和学生在课堂教学中的思想观念和行为方式的总和，课堂作为一个学习生态系统，须结合学生的认知规律、课程标准、学习流程来确定课型，以学生习得活动的思维过程差异为标准，突出专业文化特征，创生新的课堂文化，丰富和发展课堂文化的价值体系，构建动态共存的学习共同体，有利于创设一种有意义的幸福体验场，使师生间充满真挚的情感，激发灵性和天赋，共同回归生活和生命❶。

第二，课程因素是职业院校课堂教学交互作用中有意传递的动力对象，通过课程目标的合理设定、教学内容的精准选取、教材的有效选编

---

❶ 胡胜，黄偲. 立足课堂生态本质构建课堂教学新生态 [J]. 中国教育学刊，2021
(8)：104.

等方式驱使课堂参与主体更好地学习课程对应的专业知识、技能与素养，其主要作用于学习信息黏合力、团队活动影响力与学习成效促动力，但作用的发挥须依托课堂组织形式这一中介要素，这在一定程度上削弱了其在动力系统中的影响力，造成 Run3 与 Run1 的运行结果差异并不显著。因而，为了更好发挥课程因素在生态系统中的作用，须将课程因素与课堂组织协同，根据教学目标、课程标准、学生情况、教学条件等进行有目的地选择与组合，选定适应学情的教学内容，重视课堂互动中动态生成的素材。同时，教材与课程是相互联系的统一整体，在教材编写与选用时，应向教师和学生的个人经验及生活世界开放，找到教材对学生的兴趣点和情感共鸣，层层递进，使其成为师生之间对话的纽带❶，进而促使生态主体随着各课程所形成的生态圈对自身意义进行积极构建，促进课堂生态系统中主体的全面发展❷。

第三，现代信息技术是职业院校课堂生态中的重要动力载体，从现代信息技术因素的结果树来看，其对课堂生态系统的影响主要通过学习信息黏合力、师生交互协调力、学习成效促动力来发挥作用，虽然对于学习成效促动力产生直接影响，但由于学习成效促动力影响因素较多，在一定程度上弱化了现代信息技术对职业院校课堂生态的影响作用，造成了 Run6 的仿真结果虽然稍高于 Run1 的结果，但差距仍旧不显著。"90 后"大学生与数字化时代相伴相生，多媒体技术、网络技术、智能终端等现代信息技术已进入课堂，然而现代信息技术是一把"双刃剑"，部分学生过于依赖技术，缺乏自律意识，跟不上课堂活动的思路和节奏，这在一定程度上降低了课堂行为的规范性。因而，须进一步发挥现代信息技术的优势，根据教学目标、教学对象等实际情况，为课堂教学、学习、测验、管理、评价等业务领域提供智能化支持的技术环境，与传统教学手段有机组合，扩充、丰富和优化学习资源，改善学习环境，减少沟通信息障碍，提升教学资源利用率；此外，依托人工智能等新兴技术分析学生差异化的学习风格和学习行为，实现对学生的个性化指导，引导学生自适应学习，提升课堂参与主体的问题解决能力❸。

---

❶ 李森，王牧华，张家军. 和谐与创造 ［M］. 北京：人民教育出版社，2011：54.

❷ 王兴华. 课堂教学生态及其优化研究 ［D］. 西安：陕西师范大学，2007.

❸ 付杨. 从技术植入到生态优化：信息技术赋能课堂教学的范式转型 ［D］. 湖北大学，2020.

2. 部分因素对职业院校课堂生态动力系统影响显著的原因分析

图 3-14 显示出 Run4、Run5、Run7、Run8 的仿真结果与 Run1 的结果具有显著的差异，即学习兴趣、学习动机与需求、教师协调作用、学习评价这四个因素对职业院校课堂生态会产生显著影响，可以从以下四个方面去分析其背后的原因。

首先，学习兴趣因素常数值调整后，Run5 的仿真结果与 Run1 的结果差距最大，由反馈回路与影响因素结果树可知，学习兴趣因素对课堂生态系统动力因素的影响最为广泛，学习兴趣是支撑学生学习的源动力，"知之者不如好之者，好之者不如乐之者"，没有兴趣，学生在课堂学习中没有热情，甚至会变成冷漠的旁观者；同时，学习兴趣对课堂生态质量的影响最直接，学习成效促动力在回路中得到三次强化，增强了学习兴趣因素对课堂生态的影响力，由此也说明了提高学生的学习兴趣是提高职业院校课堂生态水平最重要的因素。

其次，学习动机与需求因素常数值调整后，Run4 的仿真结果与 Run1 的结果差距也较大，由于该因素属于课堂生态的主体动力因子，对主体学习活动起着稳定且持久的作用，对课堂生态系统中的 4 个动力要素：学习需求推动力、学习信息黏合力、团队活动影响力、学习意志支持力也发挥作用，影响范围较为广泛，因而对课堂生态系统的影响也较大。因此，为了提升职业院校课堂生态水平，保证良好的学习成效，既要不断激发学生课程学习的外在动机，还要鞭策学生课程学习的内在动机，要让学生对自身有严格要求和长远规划，提高自我认知内驱力。

再次，教师协调作用常数值调整后，Run7 的仿真结果与 Run1 的结果在前 3 周几乎重叠，但从第 10 周开始，Run7 的仿真结果与 Run5 的差异较为显著，由此说明，教师协调作用的发挥是一个渐进的过程，教师与学生的交互协调力需要经过一段时间的磨合与适应才能发挥出显著的积极作用。在课堂生态系统中，教师作为课堂生态的"动力酶体"，须秉持指导、激励、反思、概括、创新等教学理念，不仅强调学生的专业知识与技能的培育，还要重视学生的思想道德素质、个性发展、身心健康；同时，教师作为课堂生态主体动力因子，是课堂活动的引领者、潜能开发者与建立平等对话的交互关系，给予学生表达情感、愿景的机会，并与学生保持层进式的动态平衡。另外，依托宽泛的理论视野、富有创意的教学设计、不断更新的知识结构、持续提升的专业素养，设计轻松、愉快的教学情境，引导学生自主学习、探究学习，使教师能够充分体会到"教学相长"的喜悦，达到互勉的课堂氛围。例如，在课堂提问环节，设计一种生活化的教学情境，让学生带着浓厚的兴趣去积极探索；在教学方式选用中，教师在了解了学生的实际需求、知识积累、个性特征以及兴趣爱好的基础上，选用适合的教学方法与手段，提升学生的自主学习能力，培养学生的学习兴趣，调动学生学习的积极性与主动性❶。

最后，学习评价因素常数值调整后，Run8 的仿真结果与 Run1 的结果显示出一定的差距，但弱于学生兴趣、学生动机与需求与教师协调作用因素，这是由于课堂生态系统的学习评价是用生态学理论和方法思考课堂教学，寻求课堂教学中"以人（学生、教师）为本"的生命价值与可持续发展，其不只关注人的认知领域，更关注生命全域的发展；不只关注课堂中作为人的发展，还关注人与环境的共生与和谐发展❷。学习评价因素对课堂生态动力系统的影响虽然仅涉及 3 个动力因素：师生交互协调力、团队活动影响力、学习成效促动力，但由于其对学习成效促动力作用直接，且在回路中两次得到强化，其对职业院校课堂生态的影响作用也较为突出。因而，要更好发挥学习评价的积极作用，须以学生发展为本，在一定教学目标指导下，基于互动对话解读课堂活动现场，并即时决策后续活动；同时，发挥学习评价的导向作用，利用多样化的教学手段打破师生之间的壁垒，形成师生交互的活跃状态，发展学生的形象思维、批判性思维、创造性思维，提升职业院校的课堂生态水平。

---

❶ 周卫娟. 学生课堂沉默及其教学应对［J］. 教学与管理，2019（36）：95-98.

❷ 杜亚丽，陈旭远. 透视生态课堂的基本因素及特征［J］. 教育理论与实践，2009（19）：52-56.

第四章　基于课堂志的职业院校课堂生态

一、关于课堂志

课堂志是一个较新的称呼，有研究者于 2004 年在《课堂志：回归课堂教学生活的研究》一文中首次提出"课堂志"这一概念，并明言这是受到人类学中的"人种志""民族志"方法的启发而采用此称呼的。❶ 从事课堂志研究如同从事民族志研究，"好似阅读一部手稿——陌生的、字迹消退的，以及充满着省略、前后不一致、令人生疑的校正和带倾向性的评点的——只不过这部书稿不是以约定俗成的语音拼写符号书就，而是以模式化行为的悠然而过的例子写成"❷。课堂志研究具有四个特点：它是一种质性的、直观的、微观的和描述性的研究。质性研究是与量化研究相对的一种研究范式或方法，它通过直接观察、访谈等方式直面研究对象和其场域收集资料，并通过细致而深入的刻画和描述向读者传递出这种现场感，因而具有直观性、整体性、开放性和动态性等特征，用现象学的语言来说就是"面对事实本身"，以理解、同情和解释为出发点和目标追求。这种方法的主要特征有二：一是它排斥单纯抽象的概念、空泛的语词以及泡沫式的理论复制，而是要通过观察课堂场域中教学活动的现象来探究教学规律、理解并解释教学活动；二是它排斥传统的成见、固守的教条以及不可逾越和变迁的教学理论，通过回归真实的教学生活去发现并发展新的理论。简而言之，这种方法是由

---

❶ 王鉴在《教育研究》2004 年第一期以"课堂志：回归教学生活的研究"为题阐述了"课堂志"作为一种新的研究方法的主要特点。

❷ 克利福德·格尔兹. 文化的解释 [M]. 纳日碧力戈，等，译. 王铭铭，校. 上海：上海人民出版社，1999：12. 转引自王鉴. 课堂志：作为教学研究的方法论与方法 [J]. 教育研究，2018（9）：123.

"观察、访谈、深描、解释"等具体方法组合而成。由于它是生动的、具体的、有生命力的，对于课堂生态这个主题比较适合，因而本研究也采用这种方法。

二、研究对象的选择

采用目的性抽样方法，选取了江苏省某市一所典型的五年一贯制高职院校。所谓典型，主要有三个方面的含义：一是这所学校与大多数职业学校一样，经历了职业教育发展的起起落落，走过了几十年的风风雨雨而发展至今；二是这所学校的办学特色、办学质量在当地、在全省乃至全国都享有较高的知名度，获得过一系列国家和省级殊荣，是典型的优质职业院校之一；三是指这所学校内部组成多样化，是一所涵盖五年制高职教育、中职教育、技工教育和社会教育的学校，既有三年制的中职也有五年制的高职，既有隶属于教育部门的专业学生也有隶属于人社部门的技工专业学生，既是面向职前的全日制职业学校又是面向职后的区域开放大学。由于该校规模较大，有经贸、信息、机械、电气、汽车、建筑等专业大类的近 40 个专业方向的 8000 余名学生，考虑到典型性、代表性和可行性，选取机械专业大类的一个班级课堂为具体的研究对象（以下简称"19 机械班"），该班有学生近 40 名。因为专业的缘故，其中男生有 35 名，住宿生有 33 名。

三、资料收集的方式

采用参与式观察、访谈（个别访谈和团体访谈）、问卷调查和实物收集等方法进行资料收集。2021 年 6 月至 2022 年 1 月，笔者进入该校开展研究，观察 19 机械班课堂情况并开展师生访谈，其中访谈学生 10 名、课任教师 5 名、班主任老师 1 名、分管教学的学院领导 1 名。10 名受访学生中，随机抽取了 6 名住宿生，再有班长、课代表和 2 名走读生代表。访谈时长从半小时到两小时不等，均进行了现场录音，同时坦诚地向接受访谈的师生如实说明了访谈的缘由、访谈资料的使用以及对敏感信息的处理等。为了表示谢意，每次访谈结束后均向受访者赠送了小礼品。期间，利用各种渠道收集了与本研究主题关联的相关资料，包括学校简介、专业人才培养方案、19 机械班课程表等。

四、研究结果

多伊尔和庞德对课堂生态的定义经典却难以操作。鉴于课堂生态的客观实在、价值取向和本质特征，笔者将其定义为"以促进学习者完满发展为追求的主体行动及其与环境之间的联系状态"❶。其中的主体既包括学生，也包括教师及其他相关者。环境既包括课堂设施、设备等硬件环境，也包括制度、装饰、心理等社会文化环境。它是由师生和环境共同作用并被感知的"此在"——具有即时性且不断变化的存在。因此，要把握19机械班的课堂生态现状，一方面需要了解课堂中的学生、教师和环境样态，另一方面需要分析其相互之间的联系。

（一）课堂中的学生

这是一群典型的"00后"的孩子，某个星期二的下午，在与学院领导、班主任老师见面交流结束后，由班主任老师带领，我第一次走进了位于一楼的19机械班教室与这群同学见了面并当场说明了情况。那一张张略带微笑、富有朝气的脸庞以及教室里的氛围告诉我，接下来与他们的接触和相处将会是顺利而愉快的——所谓课堂生态，或许正如课堂里的空气一样，尽管看不见也摸不着，却是能够被感知的，也是客观存在的、不可或缺的——正如空气对于我们每个人的生存一样。

随后的日子里，我不时地出入19机械班，坐在班干部同学为我安排的座位上，那是位于教室最后排中间的一个座位——这样既最大限度地不干扰同学们上课学习，也能够便于观察。时隔多年之后再次较长时间地回到教室，这种马林洛夫斯基所言的"去那里"（Going there）的感受有些奇妙——我当然知道这是研究任务使然，但有时不知不觉地融入了课堂，宛如19机械班的一员，与同学们的交往也由起初的略显生疏到渐渐熟悉而自然。

这群孩子是聪明能干的。"这群孩子是非常聪明的，这也是我非常欣慰的一点……这些孩子的特点是情商特别高，他们初中毕业后没有（考）到普通高中，并不是他们智商差，可能是他们被疏于管教，或者

---

❶ 李德方. 职业院校课堂生态研究及其价值［J］. 江苏高职研究，2022（1）：2.

说没有遇到一个好的老师，没有得到良好的引导"（BZR），❶ 这是访谈班主任老师说的一段话。在我与他们相处的日子里，非常真切地感受到了同学们的聪明——在某种程度上而言，他们有着与同龄孩子不太相称的成熟与干练，他们与人打交道时总是非常有礼貌，而且尽量考虑对方的方便与舒适，这不正是高情商的特征吗？

"在正常情况下，这个班级不需要我怎么管，他们已经自主管理了"（BZR），班主任又说道，正如"苏格拉底训练年轻人的目标不是要他们有杰出的能力，而是启发他们的自我节制和敬畏之心"❷ 一样，当学生们具备这样的能力后就及时放手，所谓教是为了不教、管是为了不管。接下来接受访谈的同学的说法比较好地验证了班主任老师的话语，"因为在现在的学校环境中，有很多独立的人，你会发现他们身上有可学习的地方，虽然从学业方面来说，大家可能不是特别优秀，但是每个人都有自己的优点，你可以从他们的优点上看出来，他们在生活方面确实会厉害很多，会做各式各样的家务，比如说使用洗衣机，虽然是个平常的事情，但是我之前还真不会，自从来了这个学校以后，我发现他们煮饭洗衣什么的都会，我们有好胜心，所以我也要学习这些"（XS07）。"拿我们班级来说，我们班每个人都有自己的职责，如像扫地、擦窗台，这也是一种职责，每个人都有一种义务和责任。宿舍也有两个人，其中一个是宿舍长，另一个人负责打扫阳台。我们班老师分配得挺合理，因为每个人都有事情做，没有谁是老大，每个人都有各自的职责"（XS08），"他们班的学生在待人接物等各方面都挺让我满意的，大老远地看到我就说'老师好'"（JSFT）。❸

这群孩子是比较认真上进的。在我参与观察的所有课堂上，均没有学生随意讲话或者其他干扰学习的行为。"有一次我带他们去机房仿真，

---

❶ 本研究共进行了 13 次访谈，其中访谈教师团体（5 人）1 次，用 JSFT 表示；访谈班主任 1 次，用 BZR 表示；访谈学院负责人 1 次，用 FZR 表示；分别访谈学生 10 名，依次用 XS01～XS10 来表示。凡是在文中出现的访谈者话语，除明确说明的之外，均用引号注明并在文后标注相应代号。

❷ 欧文·白璧德. 文学与美国的大学 [M]. 张沛，张源，译. 北京：北京大学出版社，2011：46. 转引自刘云杉. 拔尖的指尖 [J]. 高等教育研究，2021（11）：16.

❸ 此处的"他们班"指的是 19 机械班，引自教师访谈时某位老师的话语。

一个学生上完课了还不肯走，我说已经下课十几分钟了，我让他走，他生气了，还发脾气。我问怎么回事？他说这个零件还没有做出来，我不开心。后来，他跟我道歉，说不是跟我生气，他是气他自己，为什么还没把这个零件做出来？他们的这种学习态度让我很满意，也很开心"（JSFT）；"他们都能完成每次布置的任务，学生自己做不出来还会主动问我。有一天我值班，他们班就把我拉过去，让我给他们讲今天的内容——因为有些同学没听懂，就让我再讲一遍"（JSFT）。他们的认真还体现在学习的主动性和自觉性上，"在职业学校，学习主要靠自觉。在小学和初中时，老师会给很大压力，在职校主要靠自己"（XS05）——受访的一位同学这样说道。"有的同学还勇于和老师讨论问题，比如我讲的什么内容，他没听懂，他就会走到讲台上来跟我说，哪个地方没听懂，他会指出来，这个方面还是挺好的，还是蛮认真的"（JSFT）。

当然也不排除有的课上少数同学在座位上发呆，甚至个别同学在悄悄打盹。有一次坐在前排的一个同学干脆趴在课桌上听课，"你出去洗个脸再进来"，任课老师对那个同学说。于是那个同学出去洗了脸，几分钟后又回到座位上听讲。事后得知，那位同学是个班干部，前一天晚上因为学生事务工作的缘故忙到深夜才睡觉，所以课上非常困。

这群孩子也有一些不足。首先，我感受到的是不少同学似乎少了一点儿自信。所谓自信，简单而言就是自己相信自己，是反映个人内在心理特征的一个术语，外显为个人有信念、有正确的自我认知、敢于挑战等。以下是对其中一个同学的访谈实录节选。

问：你跟班上的其他同学相比，你觉得你在学习上有哪些优势？

答：没什么优势。

问：有哪些不足呢？

答：不怎么认真，记性不好。

当然，这样清楚坦率地说自己"没什么优势"的同学不多，但是不少受访同学在言谈中有意无意透露出来的信息比较清晰地表明他们的自我认同度不高，"我感觉他们对我的期望破灭了，他们觉得我能考上一个好高中，但是我没有考上，没有考上就随便吧""感觉自己松懈了""我这个人过于散漫，并且稍微有点成绩，就有一点儿骄傲""上课的时候有时会走神，就是会不认真""平时太过贪玩，感觉静不下心来""自己有点懒"——这些都是摘自不同学生接受访谈时候的原话，而且半数以上的受访学生有比较明显的自我否定言语，尽管他们或许存在着他们所描述的一些问题，当他们在谈到这些问题时，对自己却有着比较明显的否定迹象。

其次，有的孩子习惯不够好，情怀方面有些缺失。以下摘录的是有些教师访谈时的发言。

"有的高职班是40多人一个班，一个班里较多学生的字写得不好，还有一些学生的握笔方式不正确。"

"来我们学校的孩子，有些习惯都不太好的，往往导致成绩也不好。"

"因为我教语文课，所以我觉得现在学生缺什么，我就培养他们什么。比如情怀，有的孩子没有情怀这个概念。"

"比如快到母亲节了，我一般会布置一个让学生表达真情实感的作业：写个两三百字的小作文，回忆自己跟母亲之间最难忘的一件事情。"

此外，这群孩子的视野不够宽，对未来似乎有点儿茫然。"刚进入社会肯定是适应不了的，感觉不会给我们职业技能的学生以帮助。我也不太清楚。""我在新闻上看过，国家领导人提倡对职业技能人员加大帮助。"（XS04）——学生访谈中透露出来的信息反映了这群孩子对社会的认识程度以及自己阐述思想、分析问题的情况。

而针对未来的打算和期望这一问题，以下是部分同学的回答。

"未来一两年可能会考虑提升一下学历，可能会努力专升本或者自考。毕业之后找工作，可能会去父母工作的厂里看看，就不找其他了。"（XS01）

"未来的打算是把技能学好。如果转不上本的话，● 就去考大专，学一两年的技术，然后以自己学的技术开个厂。"（XS04）

● 此处的"转本"指的是"专科"转为"本科"，这是高考招生的一种独特方式，也就是部分专科学历毕业生（含三年制普通高职专科和五年一贯制高职）可以参加相应的选拔考试，升入本科层次高校继续学习。

"未来打算专升本，专升本要考专业课和英语，英语要求四级。在英语方面，老师让我们先报英语二级或者三级，先看看情况，如果考得好就可以报四级。如果专升本成功了，其他方面再说吧，条条大路通罗马，也不知道我将来走哪条道路。"（XS05）

"目前的最大打算是尽量考上本科，未来的规划是读研。"（XS06）

"现在目标就是考本科，其他的不会过于强调。"（XS07）

……

不难看出，同学们对于自己的未来有着各自的考虑。有的考虑把技能学好从事专业工作，有的考虑提升一下学历，有的甚至想将来能够攻读研究生。但细细分析、品味大家的想法后，另一种可能的情况若隐若现，即看似有目标，但如何到达目标、能否到达目标、如果没有到达目标怎么办，似乎不太清楚，有的同学甚至表示对未来"还没想过"。

（二）课堂中的教师

任教 19 机械班的老师各有特点，与该班男生占绝大多数相对，在笔者参与观察的这个学期，除了班主任老师，8 位老师中有女性老师 6 位，占比 75%；男性教师仅有 2 位。这倒是与常识中的印象不同，我也感觉到有点意外，会不会是这个班的情况特殊呢？随后对学院分管教学领导的访谈表明，学院师资结构一方面呈现"男少女多"，另一方面年龄偏大。"我们现在的教师队伍是女教师比较多，没几个男教师。女教师年龄也是偏高的，30 岁的老师就 1~2 个，30 岁以下 1 个，31~35 岁好像是 2 个，其他都是 45 岁左右的"（FZR）。通过课堂观察和学生访谈，发现这些老师有一个共同特点就是"认真负责"。"老师教得挺认真，会让我们记知识点，然后讲得也很细致"（XS02），"我遇到的老师都蛮认真的，有的老师有可能上课讲得不完整，晚自习会来学校一趟，再给我们讲一下"（XS03），"我觉得老师们上课都挺认真的，我内心还是比较感谢他们能够这么认真地上课"（XS06），"老师们还是比较负责的，尤其是我们的班主任，我感觉全校找不出第二个像我们班主任这样认真负责的老师了"（XS07）——在对学生的访谈中，几乎所有同学都认可老师们的认真负责。在笔者参与课堂观察的课上，尽管不同任课教师的讲课内容、讲课风格、讲课水平等不尽相同，也都无一例外比较认真：均能提前几分钟来到教室，课件内容比较丰富，讲课比较投入。

教师们在专业知识和技能教学方面则显得参差不齐。有的老师讲课娴熟、师生互动频繁、状态自然老到，看得出来这种情形不是偶然现象，而更多的是常态——课后与师生的简短交流验证了我的直觉；有的教师对学生态度和蔼，讲课也很认真，课中时常穿插一些生活世界中的轶事趣闻，但课堂活力显得不足——课后交谈得知，本课老师上的课程不是他的专业，是临时被领导"抓差"担任这门课程教学的；有位老师在课上穿插了孙悟空学徒的故事，说"有一天师父在孙悟空的头上敲打了三下，于是孙悟空心神领会于当日半夜三更时分去找师父学艺……"。本来是一个非常有趣的故事，但由于老师讲得比较随意，从课堂观察看，所起的效果比较有限。"教师话语不仅在于阐述教学内容，启发学生思维并使之理解，同时激励学生的情感与意志，给予情绪性影响。"❶ 显然，这位老师的课堂话语没有能够起到激励学生情感意志的作用。

（三）课堂环境

环境对课堂教学的影响是显而易见的，已有的研究也普遍证明了这个情况。如克兰茨和赖斯利（P. J. Krantz & T. R. Risley，1972）的研究发现儿童座位过于拥挤将会使儿童对教师或教育材料的注意力显著减少。❷ 拥有前排位置的学生比坐在后排的学生能获得更高的成绩等级，但座位密度，坐在过道、教室中间则对成绩没有影响（W. B. Holliman & H. N. Anderson，1986）。❸ 马歇尔和罗森茨（P. D. Marshall & M. M. Losonczy）的一个为期 15 年对 70 个班级、1829 位学生的研究表明：在教学中，五种不同座位形态（按行、按列、教室前面对教室后面、教室中间对教室周围、教室中间对教室两边）对成绩级别和出勤率有不同影

---

❶ 钟启泉. 课堂话语分析刍议［J］. 全球教育展望，2013（11）：17.

❷ Krantz P J, Risley T R. The Organization of Group Care Environments: Behavioral Ecology in the Classroom. Paper Presented at the Annual Convention of the American Psychological Association (80th, Honolulu, Hawaii, September 2 – 8, 1972).

❸ Holliman W B, Anderson H N. Proximity and Student Density as Ecological Variables in a College Classroom. Teaching of Psychology 1986, 13（4）: 200 – 203.

响，其中坐在中心位置的学生比那些坐在非中心位置的学生有更高的成绩级别和出勤率，女性的出勤率比男性更高，但是两者在成绩级别上没有性别差异。●

19 机械班的课堂环境难以用一句话来概括，其原因首先在于存在着不止一个课堂：有上普通文化课的课堂，也有上实操课的课堂，甚至有旨在提高实战能力的工厂车间课堂。这些课堂的形态、结构、功能等各不相同。调研发现，学校给每个班级均配备了一个专用教室——除了实践类课程（含校外实习），几乎所有的课程均在这个教室上，包括住宿生的晚自习也在这个教室。从某种程度上而言，除了宿舍，这个教室是同学们待的时间最长、使用频率最高的场所，也是作为最具普遍性和代表性的课堂，因而它自然成了笔者重点关注的对象。

专用教室位于一栋教学楼底层中部位置，有前、后两个门。在靠近前门的外墙门口有一个班牌，上面写着班级代号、专业名称、班主任姓名以及育人理念：知感恩、会学习、懂生活。室内形体近似正方形——教室的长度和宽度差不多，顶部比较均匀地置有 9 盏日光灯、6 个吊扇，室内还有 2 台壁挂式空调。教室前方有一块我们在几乎所有的教室那样常见的黑板，除此之外还配有投影屏幕和电视机。在长方形的黑板上方有装饰纸剪成的四个醒目的汉字"敬""净""静""竞"——那是 19 机械班的班风，在其正上方有一面鲜艳的五星红旗。黑板右下侧有让学生放置手机的布质袋，还有公告栏和公示栏——其内挂有两面流动红旗，一面上写"机械学院文明班级"，另一面上写"文明团支部"。黑板左侧墙壁上布置有荣誉榜——里面粘贴了几张奖状，均是本班同学获得的"优秀学生干部""三好学生""优秀舍长"等。左前角放有一书柜，里面几乎放满了书——主要是《简爱》《曾国藩传》等文学类书籍。在书柜的上面放置着用木质框裱起来的"自律"二字。教室的后墙有黑板墙报、班级园地、支部园地等。在墙报下方放有置物架和一只较大的圆形垃圾桶。教室的地面为水磨石，显得整洁、干净。

● Marshall P D, Losonczy M M. Classroom Ecology: Relations Between Seating Location, Performance, and Attendance. Psychological Reports, 2010, 107 (2).

从教室的后排往两侧看，两侧均有两扇面积很大的窗户，在右侧两扇窗户中间的墙上挂一幅装饰板，上有不同色彩描绘成的班徽——一个圆形图案，内有班级代号、一只展翅翱翔的鹰形和一把扳手，还有班训（翼展长空、迎风而起）、班歌（《壮志雄心》）、班风（敬、净、静、竞）、班级口号（凌霄之志、勤学苦练、奋勇拼搏、共展宏图），在班级口号下方有一张班级全体师生的合影。窗外绿植多密、形异、美观。

从上面的描述不难看出，19 机械班专用教室的室内外环境还是比较丰富而美丽的——丰富是指室内外充分利用空间资源，并试图将其布置成一个育人的场所；美丽既指教室内外的环境优美，也包括如上精心布置而产生的美感。但凡事过犹不及，这么丰富的室内环境，猛然一瞥，感觉似乎有点杂乱——文化或者美感有时往往体现为"简洁"。

实操课堂环境则与之不同。那是位于实训楼二楼的一个长方形实训室，教室门口上方挂有"计算机 2 室"字样，室内大约有 50 台电脑，两侧有大的窗户，教室的正前方有一块白板和投影屏幕，在其上方贴有红色装饰纸制成的"学一流技术、练过硬本领"字样的醒目标识。教室地面铺有计算机房常用地板，四周的墙壁为白色，顶部有 4 盏日光灯，较为明亮。室内的前方贴有安全常识牌，左侧墙上配电箱旁写有"当心触电"的提示语。室内有立式空调一台。如果用一句话来概括，"简洁、实用"可能比较准确——没有过多的室内装饰，物件和标识等能体现实训课堂的特点，设备、照明和温度等比较适合实训教学。

（四）课堂中的师生与环境

1. 师生的行动

课堂中的教师总体是积极的、主动的，也是比较认真的。但在具体教学时则风格各异。数学课由班主任老师主讲，他采用了一种自己发明的教学模式，笔者觉得可以称为"先学后教、以教助学、学教互助"的教学模式。访谈时，这位老师说："第一点，对于我下节要讲的内容，学生要先把它看完，把书上的例题看完，然后把书上的习题做完，这些都要完成。练习册的 a 组要做完，练习册的例题要看完，要点也要看完，然后呢，小组长检查。小组长检查后汇总给课代表，课代表在我上课之前，在班级学习群里拍照上传谁完成了、谁未完成，没完成的原因是什么？我上课时再抽查一次，这样做，就是让他们养成主动学习、带着问题去学习的习惯。第二点，在课堂上，我对这些知识点再进行一个提升，稍微讲一讲，然后一节课的很多时间学生都在做练习，因为学生已预习了，所以我直接给学生答案，学生自个儿看，做错了再讲。老师的职责是什么？主要是解惑答疑，这是第三点。第四点，课后作业怎么布置呢？我留的作业跟别人不一样，第一个作业是什么呢，梳理一下这一节课讲的内容，学生必须把对这个知识点的回顾整理到自己的作业本上，这是在每次作业里面必须要做的，第二个才是我布置的提升性作业。"班主任老师十分娴熟流畅地向我解释了他独创的教学方法。

他又说道："我要求的学生作业本跟别人也不一样。我的要求是这样的，这不是一页作业纸吗？中间要有条五厘米长的竖线，然后左边抄题目来做作业，右边用来订正。题目是必须要抄的。这样后来复习的时候，做对的题可以直接过了，不需要再看。"

"孩子们比较喜欢上我的课，而且我讲的内容不多，我认为教学不是教学，是学教，因学而教，教而不学不如不教。教的目的是学，如果在学的过程中，我再配合着继续教，这才是教学的一个真理，是我理解的教学。什么是教育呢，我理解的是，促进孩子的自主性发展。这一点很重要，采取这种教学模式，会提升孩子的学习能力。"

班主任老师的判断是准确的，学生们都喜欢上他的课，而且普遍反映学习效果不错，以下是几个典型的回答。

"他不仅是数学老师，更是我们的班主任，他讲课风趣，讲的内容也不会太枯燥，我们学起来还不错。"（XS03）

"上课前，他严格要求我们预习；上课时，他讲得也很好，容易理解；课下，他也会及时帮我们解决问题。"（XS05）

"我挺喜欢上他的课，他的课讲得很好，我从小学到现在，在所有的数学老师中，我感觉他的课可以排到前三。"（XS06）

笔者在听课和观察中也发现是这样的情况。课上他主要讲解学生做的练习，在此过程中穿插相关的数学知识，师生互动频繁，有时叫学生起立作答，有时叫学生走上讲台讲解，有时则走到学生座位互动交流，同学们都能够跟随老师的讲解节奏并进行呼应，课堂气氛比较活跃。

有一位讲授专业基础课的老师主要采用讲解演示、师生互动、学生练习等方式进行教学。"我注重实用性，因为我们是职业学校，所以我经常在上课的时候穿插厂里面某个产品加工会出现什么问题，因为我先生是在厂里面工作的，会跟我讨论这些问题，然后我问学生，如果碰到这些问题，你们准备怎么解决？学生会讨论，他们愿意听，也愿意讨论，在讨论的过程中会涉及我讲的知识点，这样他们还是比较感兴趣的。还有一点，就是我比较注重自我学习能力的培养。比如说我们在做数控的时候，我会给出几个指令，然后让他们自己设计一个零件并把它加工出来，我不给他们具体的东西，就一个要求，用到这些指令，有的同学很喜欢这样的方式。主要基于这两点，一个是实用性，另一个是培养学生自我学习的能力。"（JSFT）虽然老师上课时的表情一直比较严肃，几乎看不到笑容，也没有听到活跃课堂气氛的附加"调料"，但同学们的学习普遍比较投入并且精神饱满——看得出来大家还是喜欢这位老师的课。

与之相对的是，有位教师对学生态度和蔼，讲课认真卖力，不时穿插一些生活世界中的轶事和与讲课内容关联的趣闻，看得出来，这位老师在积极努力地调动学生的积极性、主动性和参与性。但课堂观察发现，效果似乎不佳，不少同学看似在听，实则是在开小差——只不过有的比较明显而有的不太明显罢了，甚至有少数同学在悄悄地打盹，课堂活力明显不足。杜威曾经指出了学生在学习过程中存在的三种外部动机：其一，利用兴奋、快乐来迎合、冲击学生的胃口，即所谓的正反馈；其二，用负向压力威逼学生，促使他关心不相干（与心智不再契合）的教材，尽管他对所学内容没有认同，但这是一条不得不走的通道；其三，直接投其所好，使其不作任何努力，待在舒适区中没有成长。❶ 显然，这位老师的课没有形成"正反馈"，倒是有"投其所好"的迹象，这样做的结果尽管可能让学生比较"舒适"，却似乎没有激发起学生的热情进而达到应有的效果。

课堂中的学生听课效果则因课而异、因人而异。19 机械班有近 40 名学生，如前所述，大家的学习总体还是比较认真的，可以说是该校学

---

❶ 约翰·杜威. 民主主义与教育［M］. 王承绪，译. 北京：人民教育出版社，2001：184. 转引自刘云杉. 拔尖的掐尖［J］. 高等教育研究，2021（11）：7.

风好的班级之一，课上也能积极配合老师的教学。但对于不同的课程、不同的老师，学生在课堂上的表现还是有区别的，乃至有的区别还不小。所以有时有的同学在课上开小差——虽然端坐在座位上，但神态表情明显没有跟着老师的讲解，有的用手托着头，有的自顾自用笔在纸上随便画着什么，也不去看老师的板书或演示，有的干脆坐在那里打盹。

2. 师生、生生关系

师生关系是指教师和学生在教育教学过程中结成的相互关系，包括彼此所处的地位、作用和相互对待的态度等，❶ 显而易见，师生关系是学校人际交往中的基本关系之一，也是影响教育教学效果的关键因素之一，表现为多性质和多层次特点：从关系内容上看，师生关系包括教师对学生进行教育教学管理的关系和教师为学生身心发展服务的关系……；从关系层次上看，师生关系首先是浅表层的行为关系即教与学的关系，其次涉及更进一步的感情交流的关系、心理交往的关系以及深层次蕴含的法律关系等。❷

调研表明，在师生的主观层面上，双方都有努力搞好师生关系的意愿。一位老师在接受访谈时这样说道，"跟学生相处融洽，就要跟学生搞好关系，这样才能够把课上好，我是这样的一个感觉"（JSFT）。而地位相对处于弱势的学生则更是希望和老师搞好关系，"我们不会（和老师）产生冲突，更不会以下犯上"（XS04）。

在实际层面上，19 机械班师生关系可以说是融洽的——虽然在课堂上这个特点不是很明显，但在对教师和学生访谈时，他们一致表明师生关系良好。"跟学生目前相处得还挺融洽的……（尽管）有一部分学生就是纯粹地给你面子才听的，但是我想这几个学生还是给面子的，他们是班级的润滑剂，偶尔不听课，我跟他们说说笑笑也就过去了，还可以活跃班级气氛。因为不是每个学生都能把专业课学得那么好，是有差异性的，所以我对他们的要求也不一样，我就是希望他们能够配合我，'骗'着他们上课，让他们假装认真听课，然后把课上好。总的来说，目前跟学生相处融洽。"（JSFT）"老师会把我们当朋友一样，有时还会

---

❶ 张东娇. 师生关系新走向：双向式"师道尊严"［J］. 教育科学，2007（1）. 转引自钱焕琦. 教师职业道德［M］. 4 版. 上海：华东师范大学出版社，2020：114.

❷ 钱焕琦. 教师职业道德［M］. 4 版. 上海：华东师范大学出版社，2020：114－115.

聊聊八卦，聊得都挺开心的"（XS01），"我们跟普通任课老师相处得也很好，每次上课互动得也不错"（XS03），"我们和老师像朋友一样相处"（XS04），"师生关系很融洽，我们可以跟班主任玩成一片，有的时候会开一些很融洽的小玩笑"（XS06）。课后师生关系是课上师生关系的延续，或者更准确地说，课上和课后的师生关系是紧密关联的、乃至一体的。

相对于师生关系，我们对生生关系的关注度显得有些不足。所谓生生关系，主要是指同学之间的人际关系，也称同学关系、伙伴关系。如前所述，良好的师生关系可以有助于教师的教和学生的学，事实上，生生关系对教育及教学的影响也是巨大的。当代人本主义教育家罗杰斯认为，真正有意义的学习是建立在正确的人际关系、态度和素养上的，❶而生生交往无疑对个体的交往能力、自我价值观、自信心等方面的发展有很大的促进作用。它可以提供更多的学习技能和交流经验的机会。❷

19机械班的生生关系良好。"我们班同学之间的关系非常融洽，平时大家都在一起学习，遇到不理解的内容就互相讨论，互相帮助，也会一起玩游戏、吃饭、参与各种活动，关系还不错"（XS05），"平常开开玩笑都很和睦，反正大家相处得很开心。体育课、下课还有大课间也都一起活动，感觉相处得很不错"（XS03）。

有趣的是，生生关系在不同的场合和不同的群体之间还是有些区别的。同样是住宿生，在宿舍和教室时的关系表现是不一样的，"我们在教室中还是很和睦的，分工也很明确。有什么问题都有班长、副班长解决。平时打扫卫生的时候，有宿舍区、教学区、包干区，我们也都分工明确，所以每次都能按时完成"（XS03）。但是在宿舍的时候，由于更多地涉及生活的方方面面，因而生生关系没有大家在教室学习时那么和谐了，有位住宿生同学很婉转地反映"有的同学有不讲卫生的生活习惯，这样的同学比较少，其他都还好"（XS06）。

在住宿生和走读生之间往往存在一些差别。"住宿生和走读生可能

---

❶ 王军，蒲立红. 体育教学心理环境视域下的生生关系研究——以甘肃普通高校为例[J]. 甘肃联合大学学报（自然科学版），2011（5）：79.

❷ 王军，蒲立红. 体育教学心理环境视域下的生生关系研究——以甘肃普通高校为例[J]. 甘肃联合大学学报（自然科学版），2011（5）：80.

稍微会有点疏远，但也不会有影响，大家都挺好的，就偶尔会有一点点小矛盾"（XS07）。但与受访学生几乎众口一词的肯定说法相比，老师们对生生关系的看法则有点不同，他们认可生生关系较之前有了进步，甚至进步不小，或许由于老师们的阅历和经验比较丰富，因而看问题可能比较全面、更加理智吧。"学生跟学生之间的关系，就像那种表面关系，其实也还好，没有原来那种冲突了，至少比以前好。但是关系融洽的，我觉得也没那么深，就是感觉人和人之间挺冷漠的，不深交，就像那种泛泛之交"；"住宿会有各种问题，因为在一起接触的时间多了，问题就多了。总体也还好，反正比原来好多了，没有尖锐的矛盾和暴力事件，但是融洽度、亲密度也不是很高"（JSFT）。

3. 师生与环境

环境，简单而言是指周围的地方，也指所处的情况和条件，● 包括自然环境和社会环境。自然环境是指客观存在的各种自然因素的总和；社会环境是通过有意识的社会劳动创造的物质生产体系、积累的精神文化体系，也称之为文化－社会环境。环境对教育的影响有目共睹，教育对环境的重视与日俱增。19 机械班所处的自然环境可谓良好：室内课桌、照明、设施等几乎一应俱全，教室宽敞而明亮，室外环境优美。这得益于国家和社会对职业教育的重视，也有赖于学校所在地发达的经济条件支撑。而师生所处的文化－社会环境（含制度）则显得较为复杂多元。就课堂内部来看，非常明显地反映出学校、班主任老师以及学生们试图通过环境育人的特征。无论是教室门口的班牌设置，还是教室内部的国旗图案、班训班风以及张贴的公告公示等，均传递出"为党育人、为国育才"的使命担当和职责指向，这一点在其专业人才培养方案中得到呼应和确证：明确提出要培养学生"坚决拥护中国共产党领导和我国社会主义制度，在习近平新时代中国特色社会主义思想指引下，践行社会主义核心价值观，具有深厚的爱国情感和中华民族自豪感"，并将这些作为专业人才培养目标明确下来，"本专业培养理想信念坚定，德、智、体、美、劳全面发展，具有一定的科学文化水平，良好的人文

● 中国社会科学院语言研究所词典编辑室 . 现代汉语词典［M］. 6 版 . 北京：商务印书馆，2012：565.

素养、职业道德和创新意识，精益求精的工匠精神，较强的就业能力和可持续发展的能力，掌握本专业必备的基本知识和相关技能"❶。值得注意的是，为了使环境育人的效果得到体现，学校和老师们往往并不显著"在场"，而是通过学生将这样的意图巧妙地表达出来。19 机械班的学生反映，他们的班主任很重视教室的布置并作为一项要求明确提出来，"要是不会布置，就参考参考别人的，可以借鉴一下"（BZR），所以就有了班干部精心布置教室的情形。面对我的提问"班级文化是谁布置的"，"我们老师要求比较高嘛，经常让我们到好的班去看他们怎么布置，我们会去向他们学习。团委的画也很好，黑板报上的画基本是他们画的"（XS02）。"部长、班长、宣传委员等，然后副班长、团委那些人都会提一些要求，大家讨论一下，就直接定下来方案，然后一起布置，但还是以班干部和团委为主"（XS07）。这样做的结果，就是学生自己布置的东西往往是自己比较喜欢的，"喜欢……因为都是我们自己去综合考虑的，都是同学喜欢的东西"（XS01），"感觉挺好看的，画得很好看，图书角也好看，我比较喜欢看书"（XS02）。

在面对社会环境的影响方面，学生们反映，一方面，"现代社会是比较发达的一个社会，给我的学习和生活带来了很大的便利，因为我家离图书馆或者商店、体育馆之类的都不是很远，让我的学习、生活、锻炼等变得不是那么困难，很方便，很便捷"（XS06），另一方面，"不良习俗很多，就是什么都有，很乱，你需要抵住诱惑，如果不能抵住诱惑，就会越来越差，这也是一种抗干扰能力的培养，也是一种提升"（XS07）。

五、结论与讨论

（一）初步结论

课堂生态是以促进学习者完满发展为追求的主体行动及其与环境之间的联系状态，它是由作为课堂主体的教师、学生以及其他相关者和课堂环境共同作用的结果，见图 4-1。

---

❶ 资料摘自学校提供的《人才培养方案》。

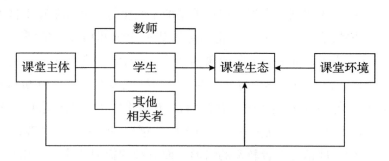

图 4－1　职业院校课堂生态结构模型

以此作为标准，19 机械班的课堂生态可谓处于良好状态——尽管距离理想的课堂生态尚有一定的提升空间。如前所述，为了同学们进入职校后能够学到一技之长、得到良好发展，及至能有一个好的前途，老师们都能积极主动作为，特别是作为教师中"首席"的班主任，非常认真负责，"班主任花了很多功夫"（JSFT），"像爱自己的孩子一样爱我们"（BZR），并且对这个班的发展"有一个长远的目标"——"知感恩、会学习、懂生活"。学院的领导们也很敬业，院长"重视学风建设，最近每年都在完善一些纪律"（XS08）。分管教学的副院长对教学管理很在行，因而能够抓住重点和关键，"我一直认为教师的重要性在这些教育的课堂上是举足轻重的。因为我们所有的教与学的落实都是靠老师，学生的成长也是靠老师，学生的技能掌握、专业知识的掌握都是靠老师……所以我认为教师是最重要的"（FZR）。或许正是有了领导和老师们的"身教"，所以同学们也很努力。当然，"不是所有人都特别好学"——因受学生个人学习基础薄弱、教师教法不适应以及教学不够专业的影响等，导致有的学生不认真听讲、开小差乃至打盹睡觉的现象时有发生。至于课堂环境，正如前文所描述的一样，19 机械班有一个良好的硬件环境，教学所需基本条件可谓一应俱全，"从师资队伍到教学条件，这个专业的基础条件还是比较好的"（FZR）。学校也很重视环境育人，类似"学一流技术、练过硬本领"这样的文化布置随处可见，时时在提醒着因"无奈"或"不慎"进入职业学校的同学们"同样可以大有作为"。尽管有不同声音，但绝大多数调研证据表明 19 机械班师生、生生关系良好——笔者在半年左右的调研中的直觉和观察也认可这样的结论，也很为这样的一种状况而欣慰（图 4－2）。

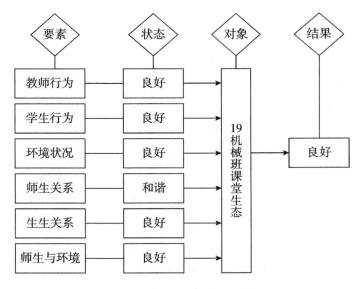

图 4 – 2　19 机械班课堂生态状况

（二）进一步的推论

1. "课堂生态良好"不具有普遍性

19 机械班"课堂生态良好"的结论在现阶段可能很难说具有普遍性，甚至这个结论很难代表该班所在的学校。教师访谈表明，"相比较而言，赵老师的班在各方面都要好些，无论是纪律还是整体课堂和学生好学的程度。我们也交流过，说在赵老师的班上课特别省事，就是不用去管一些纪律，比如学生们会不会偷偷玩手机、做其他的事等。赵老师的班基本上没有这种现象，但是在其他班会有这种现象，老师还要去管一下这些事情"❶。"他们班的学生想学"，而其他班就不全是这个样子了，"学生都不想听，老师一个人在上面自说自话，其实老师的情绪也不高，不愿意讲，然后学生更不想听，老师讲课就更没劲，这就是一个恶性循环"（JSFT）。结合 19 机械班是高职班的事实❷，与高技班和中职班相比，"（录取）分数段不一样，高职班分数段要高一些，高职班

---

❶　赵老师的班就是 19 机械班。由于研究伦理与保密协定的需要，此处的"赵老师"为代称。

❷　此处的高职是指五年一贯制高职，也就是招收初中毕业生，学制五年，毕业后颁发专科学历证书。

是江苏省给的名额，招生人数不是我们想要多少就要多少的，要提前申报"（JSFT）。加上选择该班作为本书的研究对象是由其所在学院推荐的这样一个客观情况——谁不希望把最好的班推荐出来呢？因此基本可以断言19机械班是该校的典型班级、优秀班级——在该班教室悬挂的流动红旗也证明了这一点。换言之，其他班级的课堂生态可能不一定这么"良好"。对老师们的访谈表明，有的课堂生态说不定还比较糟糕。比如学生们在课堂上的听课率，"有的班听课率可能50%都没有"。此外，作为职业学校，技术技能学习是重要的内容，但老师们教给学生们的技术，"我觉得是滞后于社会发展的，我们的技术跟不上社会发展的速度"（JSFT）。国家大力倡导的产教融合、校企合作也难以深入推进，"我们现在的校企合作做得不够好，有两个方面，一是教师没有真正做到校企合作，二是学生也没做到真正的校企合作"。"把企业的一个技术骨干工程师聘为产业教授，但是跟他的专业真正结合有多少？他能为学校服务多少？学校能够为企业服务多少？聘请产业导师也是一样的道理。有的时候，我们往往遇到计划里要请产业导师、产业教师过来上课，有的很难抽出时间，企业有的时候工作忙，他没办法来完成教学上面的要求"（FZR）。对于职业学校专业教师下企业的规定，"有一部分老师在做，但是我觉得大部分老师做得不好，我不是批评，整个现状是这样，不仅仅是我们学校""老师不愿意沉下身子去干……他放不下自己的架子"（FZR）。

2. "课堂生态良好"具有相对性

即便是19机械班"课堂生态良好"这样一个结论，实际上也是相对而言的。换言之，无论是师生的行动还是课堂环境，均有进一步改进和完善之处。以教师的"教"为例，"在世界各国教育目标中，最为一致也最重要的一条就是'培养学生独立人格和批判性思维能力'。由此可见，课堂应该充分尊重学生个性，注重对学生思维能力的培养。"❶职业教育的课堂概莫能外。而在19机械班，尽管老师们比较注重与学生进行互动，但这种互动更多地停留在经验性与事实性问题的解答上，停留在满足于学生掌握课程基本理论和技能上，基于深层的交互式互动

---

❶ 崔成林. 课堂教学改革的十大追问［N］. 中国教育报，2015－05－06（06）.

场景并不多见，学生思维能力的培养也会相应受到影响。特别是对于实践技术类知识和技能的学习，学生之间容易产生进度上的差异，加上学生本身存在学习意愿和学习态度的不同，教师如何因材施教也是一个考验。❶

从教学方式来看，按照职业教育的规律特点，需要实施以工作过程为导向的教育教学，变"知识输入"为"成果产出"——因为"以产出为导向的课堂教学，既可以让学生高效率地接受、内化现成的定论性知识，又可以引导学生像科学家那样探求知识、复演过程，培养学生独立解决问题与预见未知的能力"，❷ 进而激发学生求知、求技的兴趣和激情，真动脑、想动手。而在 19 机械班，尽管有部分课程已经在探索实施项目教学了，"高年级的学生，比如说五年级……上课不是按照书上的内容和顺序去讲的。我们现在上课就是拿一个项目、一个课题让学生完成一个整套的模具设计，把它设计出来，就是项目化"（JSFT），但"像国外说的几天学理论，后面搞实习，他们之前也有一些这样的措施，比如德国之类的，这样理论结合实践也是可行的，但我们目前还没有做到"（JSFT）。同时，教师的教法还需要适当改变。西班牙著名学者奥尔特加·加塞特曾经打过一个比方，"如果未来的医生在学习治疗疾病，他需要了解那个时代的生物学系统，但他不需要成为一个训练有素的生物学家……否则他只会使科学流于平庸。如果一个人想成为一位中等学校的历史学教师，而大学试图把他培养成一位历史学家，大学这样做对他的发展是一场灾难，因为大学将偏离最佳地训练他成为专业人士的目的"❸。这就提示我们教法要根据教育对象、教育目标的不同而有所不同，而目前的 19 机械班，无论是学生座位的编排，还是教学组织的方法，看起来都与普通教育的课堂差别不大。今后需要实现教学场所的空间形态由传统的教室向"教室＋车间"转变，组织方式由班级授课制向学习（项目）小组制转变，教学方式由教师理论讲授为主向

❶ 赵志群. 职业教育与培训学习新概念［M］. 北京：科学出版社，2003：16.

❷ 陈鹏，庞学光. 培养完满的职业人——关于现代职业教育的理论构思［J］. 教育研究，2013（1）：103.

❸ 玛丽莲·科克伦·史密斯，沙伦·费曼·尼姆塞尔，D. 约翰·麦金太尔. 教师教育研究手册：变革世界中的永恒问题 下卷［M］. 3 版. 范国睿，等，译. 上海：华东师范大学出版社，2017：1303.

学做一体、边学边做转变，学习内容由先理论、后实践，向以项目为载体、理实一体化转变，努力实现师生主体的多元与共生、教学内容和方法的有机与适切、教学环境的适度与开放，达到"学和做""师和生""内和外"的有机统一。❶

高质量发展的职业教育需要学生掌握"关键能力"，即需要具备"组织与完成生产、练习任务，信息交流与合作，应用科学的学习和工作方法，独立性与责任心，承受力"等能力，包括目标坚定性、社会责任感、分析能力、创造能力、决策能力以及适应新环境的能力等，❷ 这些能力的培养不可能一蹴而就，需要教师平时在教学中润物细无声地"滴灌"，通过教师自身行为培养学生诸如创造力等能力。❸ 这就要求教师自身能力素质要过硬，"教学风格似乎很大程度上取决于教师的人格个性、内在特质和特殊的人际关系方法。对很多人来说，教学如养育，是一种'自然的''自发的''有机的'人类活动"。❹ 特别是在指导学生深度学习方面，教师需要思考如何在确保学生妥善掌握教材内容的基础上，综合不同看法，获得新知并拓展视野。❺ 从现实来看，现阶段似乎很难做到。有时甚至由于职业学校的教师总体上存在数量不足的问题，出现有的课程可能没有配备专业完全对口的老师，只能用"拉郎配"的办法"临时救急"——不是该专业的老师承担了该专业的课程教学，"从更深的层次上说，老师的素质与以下一些因素有关系，诸如老师教学的思想力、教学的机智、对教什么适合孩子的敏感性、了解每个孩子的生活以及孩子们各自真正的兴趣所在等，也包括将数学、语文、社会科学、艺术和自然科学的课程引向生活本身、对课程的综合理解力"❻。对所教的专业都不一定熟悉的老师从教，其教学效果可想而知，更遑论体现教学智慧的生动性和趣味性的教学场景出现了。

---

❶ 马克斯·范梅南，李树英. 教育的情调［M］. 北京：教育科学出版社，2019：100.

❷ 陈鹏，庞学光. 培养完满的职业人——关于现代职业教育的理论构思［J］. 教育研究，2013（1）：104.

❸ 张元. 怀特海生活教育思想述评［J］. 内蒙古教育，2019（18）：6.

❹ 李德方. 培养享受工作的人：怀特海的技术教育目标及启示［J］. 职教发展研究，2021（1）：5.

❺ 崔成林. 课堂教学改革的十大追问［N］. 中国教育报，2015-05-06（06）.

❻ 加塞特. 大学的使命［M］. 徐小洲，陈军，译. 杭州：浙江教育出版社，2001：51.

此外，社会需要我们的学校教育突出培养德、智、体、美、劳全面发展的人才。尤其要重视美学教育，诚如德国理论物理学家韦尔所言，"我们的工作总是力图把真和美统一起来，但当我们必须在两者中选择一个时，我总是选择美"[1]。但在该班专业人才培养方案中，美育课程和课时明显偏少。

学校领导和老师们显然也注意到了这样的情况，不仅在与其访谈交流时反复提及需要加大教学改革力度，而且在事实上已经开始思考和行动了——在其专业人才培养方案中明确要"加强和改进美育工作，以书法、美术、音乐课程为主体开展美育教育，艺术教育必修内容安排不少于2个学分，选修内容安排不少于2个学分。"同时，一份由学院提供的资料提出了建设生成性课堂的命题和设想，"生成性教学是教师根据课堂中的互动状态及时调整教学思路和教学行为的教学形态，是一种需要规则，但在适当的时候又敢于放弃规则并适时调整的教学形态，学生积极参与其中并非被动地接受信息，而是主动地构建自己对信息的解释，并从中做出推论，这种形态的课堂称为生成性课堂。生成性课堂的教学过程是教学中各因素积极互动的过程，是以促进学生更加有效学习的教学过程，也是学生知识能力素质的生成过程。"[2] 我们有理由相信未来来自学校老师们的"教"会越来越好。

综上，结合19机械班所在学校本身是一所典型职业学校、一所先进职业院校的事实——曾成功创建国家示范性职业学校、获批为江苏省"领航计划"学校建设单位，再加上学校所在的江苏省是公认的职教大省乃至强省，其"双高"院校数量、职教技能大赛金牌总数等有关职教发展的多项指标在全国名列前茅，据此我们有理由推断——由"一斑"而能"窥全豹"：现阶段中国职业教育整体的课堂生态恐怕难言良好。

（三）验证

1. 问卷编制

为了验证这个初步结论及其推论，我们根据课堂生态的定义内涵，

---

[1] 李德方. 培养享受工作的人：怀特海的技术教育目标及启示 [J]. 职教发展研究，2021（1）：6.

[2] 材料摘自学校提供的一份《生成性课堂建设的研究与实践》内部资料。

编制了由 55 个初试项目组成的初始问卷，其中包括 10 个反向计分题。"合作"维度具有 5 个项目，"秩序"维度具有 5 个项目，"学生参与"维度具有 5 个项目，"关系"维度具有 10 个项目，"教师参与"维度具有 10 个项目，"教师支持"维度具有 10 个项目，"课堂环境"维度具有 10 个项目。问卷采用李克特 5 点计分法，其中，1 = 从不如此、2 = 偶尔如此、3 = 有时如此、4 = 经常如此、5 = 总是如此。

2. 被试

选择在江苏省某职业学校随机发放问卷，通过网上问卷星的方式，将问卷链接发在各个班级群里，由班主任督促学生完成问卷。共回收问卷 1500 份，根据作答时间（删除作答时间太短或太长的问卷）以及作答内容（删除连续十个或十个以上的答案选项是相同的问卷），得到有效问卷 1167 份，问卷有效回收率为 77.8%。有效样本中，被试年龄范围 14 ~ 23 岁，平均年龄 16.54 岁（$SD = 1.071$）。男生 712 名，占 61.0%；女生 455 名，占 39.0%。独生子女为 479 名，占 41.0%；非独生子女为 688 名，占 59.0%，独生子女少于非独生子女。流动人口学生 288 名，占 24.7%；非流动人口学生 879 名，占 75.3%。其他的一般人口学资料详细信息见表 4 – 1，包括年级、学习成绩、家庭经济状况、父母亲学历。

表 4 – 1　本次调查样本中一般人口学资料

人口学变量		人数	百分比（%）
年级	2021 级	591	50.6
	2020 级	330	28.3
	2019 级	171	14.7
	2018 级	57	4.9
	2017 级	18	1.5
学习成绩	优秀	257	22.0
	良好	440	37.7
	中等	404	34.6
	较差	66	5.7

续表

人口学变量		人数	百分比（%）
家庭经济状况	富裕	19	1.6
	良好	400	34.3
	一般	661	56.6
	困难	87	7.5
父亲学历	文盲	15	1.3
	小学	163	14.0
	初中	565	48.4
	高中或中专	319	27.3
	大学（专/本科）	98	8.4
	研究生及以上	7	0.6
母亲学历	文盲	49	4.2
	小学	245	21.0
	初中	495	42.4
	高中或中专	289	24.8
	大学（专/本科）	82	7.0
	研究生及以上	7	0.6

3. 统计分析

采用 SPSS 21.0 进行统计分析。首先采用 SPSS 转换问卷项目的反向计分，再运用独立样本 t 检验、相关分析、信度检验分析、探索性因子分析对问卷数据进行整理与分析。

（1）项目分析

项目分析的主要目的在于检验编制的问卷个别题项的适切和可靠程度，项目分析的检验就是探究高低分的被试在每个题项的差异或进行题项间同质性检验，项目分析的结果可作为个别题项筛选或修改的依据。依据吴明隆（2010）的观点进行项目分析，常用的方法和步骤如下：

① t 检验。

t 检验是指运用独立样本 t – test 检验问卷总分的高分组与低分组（本研究以总人数的 27% 来划分）在每个题项上的差异，如果题项在高低分组上的差异显著（$p < 0.05$），则说明该题项具有较好的鉴别力。本问卷通过 t 检验显示，其中第 25 题的 p 值大于 0.05，应予以删除，其余题项 p 值均小于 0.05，并且达到了显著性水平。

②项目得分与总分相关分析。

如果项目得分与问卷总分相关愈高，表示项目与总问卷同质性愈高，所要测量的心理特质与潜在行为更为接近。如果项目得分与问卷总分的相关系数未达到显著性水平，或两者为低相关（$r < 0.4$），表示项目与整体问卷同质性不高，应该删除。本问卷通过项目得分与总分的相关分析显示，第 7 题、第 9 题、第 17 题、第 19 题、第 25 题、第 43 题的分值与总分的相关均小于 0.4，应予以删除。

③同质性检验一——共同性与因素负荷量。

共同性（communalities）表示项目能解释共同特质或属性的变异量，如将职校生课堂生态量表限定为一个因素时，表示只有一个心理特质，因而共同性的数量愈多，表示能测量到此心理特质的程度愈高；相反，如果项目的共同性低，表示此项目能测量的心理特质的程度低，共同性低的项目与问卷的同质性少，应考虑删除。至于因素负荷量则表示项目与因素（心理特质）关系的程度，项目在共同因素的因素负荷量愈高，表示项目与共同因素的因素负荷量愈低，表示项目与共同因素（总问卷）的关系愈不密切，即同质性愈低。一般而言，共同性值若低于 0.20（此时因素负荷量小于 0.45），表示项目与共同因素间的关系不密切，此时，此项目可考虑删除。从表 4-2 中可以发现，第 7 题、第 9 题、第 10 题、第 16 题、第 17 题、第 18 题、第 19 题、第 20 题、第 25 题、第 43 题的因素负荷量分别为 0.003、0.256、0.316、0.331、0.278、0.360、0.270、0.352、-0.093、0.200，这 10 个项目与共同因素"课堂生态"的程度关系微弱，依此标准可考虑将此 10 个项目删除。

④同质性检验二——信度检验。

信度检验旨在检验删除项目后，整体问卷信度系数的变化情形。如果删除项目后的问卷信度系数比原先的信度系数高出许多，则此项目与其余项目所要测量的属性或心理特质可能不相同，代表此项目与其他项目的同质性不高，在项目分析时可考虑将此项目删除。本问卷整体内部一致性 α 系数为 0.973，其中，第 7 题、第 9 题、第 19 题、第 25 题、第 43 题的题项删除后的 α 值分别为 0.974、0.974、0.974、0.975、0.974，高于整体值，应予以删除，其余项目均小于等于 0.973。

表 4-2　职校生课堂生态量表项目分析汇总表

题项	CR 值	题总相关	共同度	因素负荷量	删除题项后的 α 值	未达标项目数	备注
Q1	28.354**	0.654**	0.398	0.631	0.973	0	保留
Q2	28.841**	0.653**	0.397	0.630	0.973	0	保留
Q3	31.009**	0.694**	0.460	0.679	0.972	0	保留
Q4	33.736**	0.710**	0.483	0.695	0.972	0	保留
Q5	29.013**	0.681**	0.445	0.667	0.972	0	保留
Q6	32.379**	0.684**	0.431	0.656	0.972	0	保留
Q7	3.278**	0.084**	0.00001	0.003	0.974	4	删除
Q8	30.442**	0.720**	0.495	0.703	0.972	0	保留
Q9	13.009**	0.345**	0.066	0.256	0.974	4	删除
Q10	17.749**	0.413**	0.100	0.316	0.973	2	删除
Q11	25.033**	0.692**	0.477	0.690	0.972	0	保留
Q12	34.780**	0.768**	0.573	0.757	0.972	0	保留
Q13	30.964**	0.733**	0.524	0.724	0.972	0	保留
Q14	36.744**	0.741**	0.532	0.729	0.972	0	保留
Q15	27.856**	0.723**	0.524	0.724	0.972	0	保留
Q16	20.074**	0.431**	0.109	0.331	0.973	2	删除
Q17	16.651**	0.378**	0.077	0.278	0.973	3	删除
Q18	23.235**	0.467**	0.129	0.360	0.973	2	删除
Q19	16.634**	0.379**	0.073	0.270	0.974	4	删除
Q20	21.951**	0.456**	0.124	0.352	0.973	2	删除
Q21	17.212**	0.545**	0.321	0.567	0.973	0	保留
Q22	32.809**	0.786**	0.640	0.800	0.972	0	保留
Q23	31.617**	0.792**	0.650	0.806	0.972	0	保留
Q24	41.309**	0.804**	0.647	0.805	0.972	0	保留

续表

题项	CR 值	题总相关	共同度	因素负荷量	题项删除后的 α 值	未达标项目数	备注
Q25	0.274	−0.017	0.009	−0.093	0.975	5	删除
Q26	32.121**	0.706**	0.518	0.720	0.972	0	保留
Q27	31.940**	0.782**	0.664	0.815	0.972	0	保留
Q28	19.031**	0.559**	0.345	0.587	0.973	0	保留
Q29	29.175**	0.796**	0.696	0.834	0.972	0	保留
Q30	25.703**	0.774**	0.659	0.812	0.972	0	保留
Q31	27.600**	0.786**	0.674	0.821	0.972	0	保留
Q32	36.360**	0.826**	0.723	0.851	0.972	0	保留
Q33	35.627**	0.830**	0.731	0.855	0.972	0	保留
Q34	37.335**	0.776**	0.629	0.793	0.972	0	保留
Q35	28.370**	0.673**	0.480	0.693	0.973	0	保留
Q36	36.727**	0.829**	0.734	0.857	0.972	0	保留
Q37	30.082**	0.749**	0.600	0.775	0.972	0	保留
Q38	33.071**	0.763**	0.611	0.782	0.972	0	保留
Q39	37.443**	0.811**	0.697	0.835	0.972	0	保留
Q40	39.653**	0.815**	0.698	0.835	0.972	0	保留
Q41	27.397**	0.781**	0.672	0.820	0.972	0	保留
Q42	36.078**	0.816**	0.717	0.847	0.972	0	保留
Q43	10.850**	0.269**	0.040	0.200	0.974	4	删除
Q44	35.904**	0.750**	0.598	0.773	0.972	0	保留
Q45	33.487**	0.806**	0.714	0.845	0.972	0	保留
Q46	29.371**	0.770**	0.652	0.807	0.972	0	保留
Q47	28.759**	0.762**	0.641	0.801	0.972	0	保留
Q48	30.428**	0.811**	0.716	0.846	0.972	0	保留
Q49	21.184**	0.595**	0.379	0.616	0.973	0	保留
Q50	33.719**	0.761**	0.612	0.782	0.972	0	保留
Q51	30.969**	0.761**	0.618	0.786	0.972	0	保留

续表

题项	CR值	题总相关	共同度	因素负荷量	题项删除后的α值	未达标项目数	备注
Q52	22.627**	0.716**	0.563	0.750	0.972	0	保留
Q53	19.192**	0.508**	0.270	0.519	0.973	0	保留
Q54	23.366**	0.706**	0.556	0.746	0.972	0	保留
Q55	28.370**	0.757**	0.621	0.788	0.972	0	保留
判断标准	≥3	≥0.4	≥0.2	≥0.45	≤0.973		

通过项目分析，删除初始问卷项目的第7题、第9题、第10题、第16题、第17题、第18题、第19题、第20题、第25题、第43题共10个项目，初试问卷还剩45个项目。

（2）探索性因素分析

依据Kaiser（1974）的观点，执行因素分析程序时，KMO指标值的判断标准见表4-3。

表4-3 KMO判断标准

KMO统计量值	判断说明	因素分析适切性
0.90以上	极适合进行因素分析	极佳的
0.80以上	适合进行因素分析	良好的
0.70以上	尚可进行因素分析	适中的
0.60以上	勉强可进行因素分析	普通的
0.50以上	不适合进行因素分析	欠佳的
0.50以下	非常不适合进行因素分析	无法接受的

KMO是Kaiser-Meyer-Olkin取样适当性度量数（其值介于0至1之间），当KMO值愈大时（愈接近1时），表示变量间的共同因素愈多，变量间的净相关系数愈低，愈适合进行因素分析。根据Kaiser观点，如果KMO的值小于0.5时，非常不适合进行因素分析，进行因素分析的普通准则至少在0.6以上。本初试问卷的KMO值为0.975，如表4-4所示。指标统计量大于0.90，呈现的性质为"极佳的"标准，

表示变量间具有共同因素存在，变量适合进行因素分析。此外，Bartlett 球形检验的卡方值为 38610.988（自由度为 496），达到 0.05 显著水平，可拒绝虚无假设，即拒绝变量间的净相关矩阵不是单元矩阵的假设，适合进行因素分析。

表 4 - 4　KMO 和 Barlett 的检验

KMO 取样适当性度量值		0.975
Bartlett 球形检验	近似卡方分布	38610.988
	自由度	496
	显著性	0.001

为对初试问卷中各项目进行筛选并形成职校生课堂生态量表正式问卷，本研究采用主成分分析法和最大方差法进行探索性因素分析。结果表明，大于 1 的特征值的因素共 6 个，可以累积解释总体变异量的 78.347%。为了使问卷更加简洁有效，需要对此问卷项目进行删减。结合以往研究和本研究对课堂生态结构的假设，对此需进行多次探索性因素分析，并按以下几个标准删除初试问卷中不合适的题项：

①共同度小于 0.3。项目的共同度反映了公因素对该项目的贡献，共同度越高，表示能被公因素解释的程度越高，说明该题目的作用越大。

②项目因素负荷量小于 0.5。项目的因素负荷量说明公因素与该题目的相关程度，题目的负荷量越小，说明该题目与公因素之间的关系不大，表示该题目不能够将公因素所代表的心理特征反映出来。

③每个因素包含的题目不得少于 3 个。经过多次探索，删除第 8 题、第 24 题、第 26 题、第 32 题、第 36 题、第 37 题、第 41 题、第 45 题、第 52 题和第 54 题后，最终获得由 6 个因素 32 个项目组成的职校生课堂生态正式问卷。将 6 个因素分别命名为合作与秩序（6）、教师参与（6）、教师支持（6）、课堂环境（6）、学生参与（5）和关系（3）（表 4 - 5）。此外，这 6 个因素旋转后的特征值分别为 5.323、5.237、4.566、4.361、3.799、1.784，可以累积解释变异量为 78.347%。由此可得出，合作与秩序、教师参与、教师支持、课堂环境和学生参与对于职校生课堂生态的影响是相对较大的。

表 4 - 5　职校生课堂生态量表探索性因素分析结果

项目	合作与秩序	教师参与	教师支持	课堂环境	学生参与	关系
Q1	0.781					
Q2	0.830					
Q3	0.826					
Q4	0.794					
Q5	0.764					
Q6	0.653					
Q11					0.727	
Q12					0.685	
Q13					0.707	
Q14					0.690	
Q15					0.700	
Q21						0.756
Q22						0.545
Q23						0.508
Q27		0.627				
Q28		0.664				
Q29		0.753				
Q30		0.775				
Q31		0.741				
Q41		0.662				
Q34			0.720			
Q35			0.751			
Q38			0.733			
Q39			0.673			
Q40			0.698			
Q44			0.652			
Q47				0.628		
Q48				0.690		
Q49				0.701		
Q50				0.679		

续表

项目	合作与秩序	教师参与	教师支持	课堂环境	学生参与	关系
Q51				0.739		
Q55				0.639		
特征值	5.323	5.237	4.566	4.361	3.799	1.784
贡献率（%）	16.635	16.367	14.270	13.627	11.872	5.576

（3）信度检验

因素分析结束后，为进一步了解问卷的可靠性和稳定性，需对问卷做信度检验。常用的信度检验方法为克隆巴赫 α 系数和折半信度。本问卷将采用内部一致性系数，即克隆巴赫 α 系数对问卷进行信度分析，得出该问卷的内部一致性系数为 0.968，根据学者 DeVellis（1991）的研究结论（表 4-6），得出此问卷的信度是极好的，将其作为职校生课堂生态的测量工具是可靠的。

表 4-6　克隆巴赫 α 系数判断标准

α 系数范围	判断标准
α 系数≥0.90	非常理想（信度很高）
0.80≤α 系数<0.90	理想（信度高）
0.70≤α 系数<0.80	可以接受
0.60≤α 系数<0.70	勉强接受，最好增列题项或修改语句
0.50≤α 系数<0.6	不理想，重新编制或修订
α 系数<0.50	非常不理想，舍弃不用

（4）效度检验

①内容效度。

内容效度是指测验或问卷内容或项目的适当性与代表性，即测验内容能反映所要测量的心理特质，常以项目分布的合理性判断。本问卷通过文献分析、开放式问卷调查以及相关测验中的一些项目初步拟定的 55 个项目，再请有关心理学专家对问卷进行评定，与心理学专家共同探讨，反复探索研究，增删、修改项目，最终确定初始问卷修正版。因此，本问卷具有良好的内容效度。

②结构效度。

结构效度是指一个测验实际测到所要测量的理论结构和特质的程度，也就是说测验分数能够说明心理学理论的某种结构或特质的程度。结构效度常用的分析方法是因素分析法。该问卷通过探索性因素分析得出教师参与、教师支持、合作与秩序、学生参与、关系和课堂环境计6个因素，可以累积解释变异量为77.500%，说明这6个因素可以测出该问卷的测量内容。又根据因素分析的理论，各个因素之间应该呈中等程度相关。若相关过高，则说明因素之间存在重合；反之，相关过低，则说明可能测的结果与所预期结果差异较大。根据表4-7发现，本问卷各因素与问卷总分的相关系数为0.818~0.853，且均达到显著性水平（$p<0.05$），表明因素之间具有一定的独立性，并且各因素较好地反映了问卷所要测量的内容。问卷各因素之间的相关系数为0.542~0.766，且均达到显著性水平（$p<0.05$），表明各因素构成了一个有机联系的整体（表4-8）。因此，本量表具有良好的结构效度。具体量表见附录。

表4-7　职校生课堂生态量表的信度系数

	教师支持	合作与秩序	课堂环境	教师参与	学生参与	关系
α系数	0.844**	0.818**	0.853**	0.851**	0.825**	0.826**

表4-8　因子间的相关矩阵

	合作与秩序	学生参与	关系	教师参与	教师支持	课堂环境
合作与秩序	1					
学生参与	0.766**	1				
关系	0.611**	0.665**	1			
教师参与	0.568**	0.620**	0.739**	1		
教师支持	0.542**	0.559**	0.646**	0.680**	1	
课堂环境	0.562**	0.557**	0.652**	0.732**	0.743**	1

4. 测试结果

运用自编的《职业院校课堂生态量表》❶，对笔者所在的江苏省内

---

❶ 《职业院校课堂生态量表》由董云英博士等完成并实施调查。该量表初始由55个初试项目组成，其中包括10个反向计分题，经独立样本 t 检验、相关分析、信度、效度检验分析、探索性因子分析后形成正式量表，共计32个项目。

的职业院校进行了较大范围的问卷调查。具体选择了苏南、苏中、苏北各一所典型职业院校❶，针对五年制各年级学生随机发放问卷，回收问卷 376 份，其中有效问卷 364 份，回收有效率 96.8%。有效样本中，被试年龄范围 14～20 岁，平均年龄 16.60 岁（$SD=1.00$）。男生 216 名，占 59.3%；女生 148 名，占 40.7%。独生子女为 143 名，占 39.3%；非独生子女为 221 名，占 60.7%，独生子女少于非独生子女。流动人口学生 85 名，占 23.4%；非流动人口学生 279 名，占 76.6%。其他的一般人口学资料详细信息见表 4－9，包括年级、学习成绩、家庭经济状况等。调查时间是 2022 年 1 月。

表 4－9　调查样本中一般人口学资料

人口学变量		人数	百分比（%）
年级	2021 级	184	50.5
	2020 级	108	29.7
	2019 级	53	14.6
	2018 级	14	3.8
	2017 级	5	1.4
学习成绩	优秀	53	14.6
	良好	145	39.8
	中等	148	40.7
	较差	18	4.9
家庭经济状况	富裕	2	0.5
	良好	115	31.6
	一般	218	59.9
	困难	29	8.0

问卷调查结果表明，现实课堂生态的总量表得分的平均值为 3.91（$SD=0.75$），现实课堂生态的 6 个分量表平均值范围为 3.59～4.25，

---

❶ 江苏省共有 13 个设区市，按照地理位置和社会经济发展水平分为苏南（南京、苏州、无锡、常州、镇江）、苏中（扬州、泰州、南通）和苏北（徐州、连云港、宿迁、淮安、盐城）三个区域。

这是一个稍高于中值的分数；理想课堂生态的总量表得分的平均值为 4.32（$SD = 0.68$），6 个分量表平均值范围为 4.19～4.44，见表4－10。

表4－10 各分量表的平均值和标准差

项目	ACO	ATI	ATS	ACE	ASI	ARE	ECO	ETS	ETI	ECE	ESI	ERE
M	3.59	4.25	3.77	4.04	3.82	4.00	4.20	4.44	4.19	4.31	4.44	4.36
SD	0.96	0.73	0.98	0.87	0.91	0.91	0.83	0.70	0.86	0.80	0.72	0.81

注：ACO 指现实课堂合作与秩序，ATI 指现实课堂教师参与，ATS 指现实课堂教师支持，ACE 指现实课堂环境，ASI 指现实课堂学生参与，ARE 指现实课堂关系，ECO 指理想课堂合作与秩序，ETI 指理想课堂教师参与，ETS 指理想课堂教师支持，ECE 指理想课堂环境，ESI 指理想课堂学生参与，ERE 指理想课堂关系。表4－11 同。

对职校生的现实课堂生态得分与理想课堂生态得分进行配对 t 检验，结果发现，在 6 个维度及总均分上，现实课堂生态得分显著低于理想课堂生态得分（$p < 0.001$，见表4－11），该结果说明职业教育现实课堂生态存在一定的提升空间——这个结果与本研究得出的初步结论及其推论是一致的。

表4－11 现实课堂生态与理想课堂生态的差异比较

现实课堂－理想课堂	MD	SD	t	df	p
ACO－ECO	－0.60623	0.83906	－13.785	363	<0.001
ATI－ETI	－0.18590	0.46414	－7.641	363	<0.001
ATS－ETS	－0.42262	0.75152	－10.729	363	<0.001
ACE－ECE	－0.27015	0.58992	－8.737	363	<0.001
ASI－ESI	－0.62582	0.82422	－14.486	363	<0.001
ARE－ERE	－0.35623	0.74623	－9.108	363	<0.001
AVSCE－EVSCE	－0.41116	0.57346	－13.679	363	<0.001

注：AVSCE 指现实职业教育课堂生态，EVSCE 指理想职业教育课堂生态。

（四）最终结论及信效度分析

至此，我们或许可以得出最终结论了：尽管在现阶段不乏生态良好的课堂存在，然而就整体而言，职业院校的课堂生态有待改善，特别是在现代职业教育谋求高质量发展的当下，我国职业院校的课堂生态亟待改善——因为高质量的教育一定离不开健康良好的课堂生态。

信度即可信度，主要是指测量结果的可靠性、一致性和稳定性，即测验结果是否反映了被测者真实的、稳定的和本质的特征。效度即有效性，是指测量工具能够准确测出所需测量的事物的程度。❶ 然而，典型的人类学方法的信度是难以保证的，效度问题也同样棘手。如果严格按照信度和效度的定义，人类学研究根本不适合使用实证研究中的效度和信度的概念。❷ 所以，作为质的研究方法，包括本研究采用的课堂志在内，信度和效度通常主要采用三角互证法予以保证，"这种方法可用来检验不同的材料来源或不同的资料收集方法。其特点是在研究同一对象时采用两种或两种以上的研究策略，比较不同来源的信息，以确定它们是否相互证实，以此评价资料的真伪"❸。鉴于此，本研究也采用了三角互证法：文中的数据大多来源于笔者的现场观察、对学生和老师们的访谈、问卷调查以及收集的与研究对象相关的资料等，即数据资料的来源途径是多样化的；在考察某一现象或说明某种观点时，笔者尽可能地从不同对象、不同角度来进行——当通过学生访谈揭示出事实和问题后，往往也要考察老师们对这些事实和问题的看法和观点，反之亦然。而且，在基于局部的课堂观察和师生访谈后，在省域内不同区域又实施了同类多数学生的问卷调查，以便尽可能地反映出事物的真实面相。因此，从这个角度看，本研究的信度和效度一定程度上还是有所保障的。

---

❶ 王志强. 人种志研究法：内涵、特征及其在教育研究中的应用 [J]. 吉林省教育学院学报，2016（4）：112.

❷ 张红霞. 教育科学研究方法 [M]. 北京：教育科学出版社，2009：388.

❸ 刘优良，谭净. 论人种志在高等教育研究中的应用优势 [J]. 当代教育论坛，2007（12）：136.

第五章　职业院校课堂生态优化案例

前章通过课堂志方法使得我们从一个班级的层面知晓了目前职业院校课堂生态的实际，随后的大规模问卷调查则验证了研究结果。然而，我们尚不得知学校层面课堂生态的整体样态，特别是职业院校在优化课堂生态方面所做的努力和探索——这正是本章的任务。具体而言，本章将通过对两所典型职业院校的案例研究来试图实现这一目标。

一、案例研究

案例研究始于美国哈佛大学法学院，1908 年被哈佛商学院引入商业教育领域。案例研究法是调查研究的一种，研究者选择一个或几个事件、场景为对象，通过系统地收集数据和资料，并进行分析，探讨某一现象在实际学习、生产和生活环境下的状况。案例研究不仅对现象进行翔实的描述，还要对现象背后的原因进行深入的分析，它既回答"怎么样"，也回答"为什么"，有助于研究者把握事件的来龙去脉和本质。与此同时，案例研究来源于实践，没有经过理论的抽象与精简，是对客观事实全面而真实的反映，易于读者理解和接受。此外，案例研究常常能够发现传统的调查和统计等方法不易发现的特殊现象。特别是该法常常被用来研究无法设计准确、直接又具系统性控制的变量的时候，回答"如何改变""为什么变成这样"以及"结果如何"等研究问题的时候。

当然，案例研究也并不是没有局限，作为经验性的一种研究方法，案例研究通过搜集事物的客观资料并用归纳或解释的方式获得新知或发展理论，其研究的结果很大程度上依赖于研究者本身的能力。换言之，面对同样的事件或现象、场景，不同的研究者不仅研究的过程可能会有所差异，而且研究的结果很可能不一样，有的甚至差异很大。也就是研究的信度难以保证。从研究的效度而言，案例研究的结果也不具有广泛

105

的代表性，研究的结论很难推及其余。尽管如此，案例研究因其独特的优势和特点依然受到了广泛的认可和欢迎，特别是对于以人为研究主体和研究目的的教育研究来说更是如此。笔者为教育学博士毕业，在读期间受到过较为系统的研究方法学习与训练，采用案例研究法从事过专业研究并在核心期刊发表过相关研究成果，基本具备使用该法进行研究的能力，加上本书研究的职业院校课堂生态及其优化问题的独特性。因此，案例研究法比较适合本研究。

二、案例选择

案例选择的标准与研究的对象和研究要回答的问题有关，它确定了什么样的属性能为案例研究带来有意义的数据。案例研究可以使用一个案例或包含多个案例。使用一个案例的研究称为单案例研究，包含多个案例的研究称为多案例研究。不难发现，多案例研究是包含了单案例研究的，其特点在于它包括了两个分析阶段——案例内分析和交叉案例分析。前者是把每一个案例看成独立的整体进行全面的分析，后者是在前者的基础上对所有的案例进行统一的抽象和归纳，进而得出更精辟的描述和更有力的解释。

本研究的案例选择综合考虑学校类型、代表性以及发展成绩等方面情况进行。职业院校类型按照层次区分为初等职教、中等职教和高等职教。初等职教更多的是作为一种历史的存在——当然不排除有极少数地区还有着这样一种类型的职业教育，即针对小学毕业后的学生或具有小学毕业水平的社会生源进行的初等程度的职业教育。中等职业教育是我国职业教育的重要基础，长期以来一直占据着中等教育的"半壁江山"，也就是普通高中和中等职业学校学生的比例是"大体相当"。这个比例近年来有所变化，普通高中学生数量要更多一些，但这不影响中等职业教育的基础性地位。高等职业教育包括三年制高职、五年一贯制高职和高职本科，其中三年制高职占据主体，而五年一贯制高职具有代表性——前三年属于中职范畴，后两年属于高职教育，前后连贯培养，具有学制优势。二十年前由江苏省试点推行，目前不少省市也借鉴举办，比较受欢迎。高职本科是近年来刚刚起步发展的，目前全国也只有三十几所公民办高职本科院校。

　　基于以上的情况，本研究确定了以下两所具有代表性的、发展良好的学校为案例学校。一所是江苏省扬州旅游商贸学校。这是一所中职学校，是职业教育先进单位，曾被评为中国百强职业学校和全国教育系统先进集体。该校主要为第三产业培养技术技能人才。另一所是江苏联合职业技术学院张家港分院。这是一所五年制高职学校，是江苏省职业教育"领航计划"学校，也曾获得全国教育系统先进集体荣誉。这所学校主要为第二产业培养技术技能人才。

三、案例描述[①]

（一）学校概况

1. 江苏省扬州旅游商贸学校

　　江苏省扬州旅游商贸学校前身为明清时期的扬州最高学府——梅花书院。改革开放后开始举办职业教育，薪火相传，四十多年深耕职教不辍。学校现为全国教育系统先进集体、江苏省中等职业学校领航计划建设单位。学校先后被评为江苏省现代化示范性职业学校、江苏省职业教育先进单位、江苏省德育特色学校、江苏省文明校园、江苏省职业学校教学管理及学生管理双30强等。

　　学校以第三产业为主要专业方向，开设升学、旅游、烹饪、商贸、信息、艺术等6大类20多个专业，有5个省品牌、省特色专业，3个省现代化专业群，2个省现代化实训基地，2个省高水平示范性实训基地。拥有全国电子商务师培训考核基地、国家紧缺人才授权教育中心，江苏省高水平示范性实训基地、江苏省现代化实训基地、江苏省旅游培训基地，周晓燕国家技能大师工作室、江苏省烹饪大师工作室、江苏省烹饪大师创新研发中心、国家旅游局张建导游名师工作室、濮德锁省级导游名师工作室、王爱红省级中餐烹饪名师工作室、王进省级电子商务名师工作室、任密省级英语名师工作室，以及扬州市旅游行业人员培训基地、扬州市职业学校技能训练导游与饭店服务示范基地、扬州职教集团电子商务公共实训基地、扬州美食文化馆、邮游文化体验中心等教育教学平台和教学资源。学校拥有正高级讲师2人、省特级教师2人、省职

---

　　① "案例描述"的内容由课题组核心成员王慧勤、姚丽霞撰写，有部分删减和修改。

教领军人才 6 人，苏教名师 1 人、省级非遗传人 1 人、市特级教师 3 人、市有突出贡献的中青年专家 1 人、市学科带头人 5 人。

学校以促进学生完满发展的职业教育价值观为引领，秉承"进扬旅商都是才，出扬旅商必有用"的育人传统，倡导充分焕发个体发展可能的"潜能教育"理念。近年来，师生共获得国家级技能金牌 20 多枚，江苏省金牌 60 多枚。通过五年高职、3＋3 中高职衔接、对口单招等多种升学路径，充分满足学生学历提升的需求。学校对口单招连续八年蝉联扬州大市本科上线人数及上线率冠军，众多毕业生升入南京艺术学院、扬州大学、江苏理工学院等本科院校深造。就业学生技能过硬、素质全面，深受用人单位欢迎，对口就业率一直保持在 98% 以上。自 1996 年起，学校为中南海、中共中央办公厅、人民大会堂、钓鱼台国宾馆、国家发改委、国家财政部等国家中直机关输送优秀毕业生 200 余名，与上海铁路局、上海浦东机场、深圳宝尊电商、京东、香格里拉、喜来登等知名企业及扬州各大餐饮企业、幼儿园、旅行社等建立紧密的校企合作关系。学校连续多年招生火爆，社会美誉度日趋臻美。

2. 江苏联合职业技术学院张家港分院

学校 1980 年办班，1984 年建校，1996 年成为首批国家级重点职业高中，2009 年创建为首批省四星级中等职业学校、省高水平示范性职业学校，2014 年成为首批国家中等职业教育改革发展示范校，2016 年被批准升格为江苏联合职业技术学院张家港分院，2018 年创建为江苏省现代化示范性职业学校，2020 年获批为江苏省领航学校建设单位，2022 年获评全国黄炎培职业教育优质学校奖。

学校开设有机电、机械、计算机、化工等中高职专业 15 个，其中省品牌专业 4 个，省示范专业 5 个，省现代化专业群 3 个，省五年制现代化专业群 2 个。在校学生 5000 余人。校内建有学生实践基地 10 个，建筑面积为 27800 平方米，设备总值 8400 余万元，其中数控技术应用实训基地为国家级基地，机电一体化、网络与计算机技术、机械制造及自动化等 3 个省现代化实训基地，建有江苏省启航中小学职业体验中心。

学校师资力量雄厚，现有专任教师 414 名，市级以上骨干教师 123 人，外聘企业专家、外教等兼职教师 43 人，拥有全国职教名校长 1 人、省职教领军人才 4 人、职业教育教科研中心组成员 5 人、全国优秀教师 1 人、苏州市名教师 3 人、苏州市学科带头人 17 人、全国职业院校技能大赛优秀指导教师 11 人、省名师工作室 2 个、苏州市名师工作室 6 个、苏州市"四有"好教师重点培育团队 1 个、江苏省教学创新团队 1 个。

学校坚持"培养实用技术人才，服务港城经济建设"的办学理念，树立"成功就是成为最好的自己"的成才观和"德技双馨"的质量观，把培养经济社会急需的高素质、高技能人才作为培养目标。毕业生中级工获证率 99% 以上，高级工获证率 93% 以上，毕业生对口就业率 90% 以上，用人单位满意度 95% 以上，是苏州新区人才输出基地。

学校先后和澳大利亚西南悉尼 TAFE 学院、韩国湖南大学、日本不二越工业高等学校、德国 BBW 集团东布兰登堡职业教育中心等开展合作办学。2014 年与张家港保税区化学工业园和德国瓦克化工学院深度合作办学，引进德国先进的管理模式、教育方法，形成双语教学的办班特色。2019 年与德国爱科特学院签约，大力开展职业培训考证领域的国际合作。

学校一直注重产教融合、校企合作。2006 年率先成立"江苏扬子江职教集团"，合作企业达 116 家。近两年来，学校又与 13 家企业开展紧密型合作办学，建有新美星企业学院、永钢企业学院、广大特材企业学院、友成广川企业学院、乐余融创企业学院、贝内克长顺企业学院、瓦克－迪爱生企业学院、长华化学企业学院、易华润东企业学院九家产教融合型企业学院，其中永钢企业学院、新美星企业学院被评为苏州市优秀企业学院。现有机电一体化技术"1＋N"现代学徒制项目、"双核驱动两区融合"贝内克长顺现代学徒制试点项目等 6 个苏州市现代学徒制试点项目。与学校有紧密合作关系的张家港广大特材股份有限公司、张家港易华润东新材料有限公司、江苏永钢集团有限公司三家合作企业被评为江苏省融合性企业。形成了"校企合作促发展，技能大赛育工匠，阳光德育优素养，中外联合提质量"的办学特色。先后被评为全国教育系统先进集体、江苏省职业教育先进集体、江苏省精神文明建设工作先进单位、江苏省德育先进学校、江苏省学生管理 30 强、江苏省教科研先进集体、江苏省和谐校园、江苏省职业教育课程改革实验学校、国家职业技能鉴定所、国家星火计划农民科技培训星火学校。

（二）发展目标及发展策略

1. 江苏省扬州旅游商贸学校

（1）学校发展目标

致力建设特色鲜明、质量一流的职教名校，服务长江经济带和长三角一体化战略，服务江苏现代服务业转型升级，为所在地扬州高质量发展提供更有力的人才和技能支撑。聚焦高水平就业，深化产教融合，加强校企合作，坚持教学改革，优化课堂生态，不断提高学校吸引力、核心竞争力和社会美誉度，推动学校高质量发展。具体目标如下：

①综合育人目标。坚持立德树人，"潜能德育"育人理念效果更加彰显，培养出更多的德技并修、类型丰富的"五自"（自信、自律、自立、自强、自觉）现代服务业高素质人才。

②专业建设目标。围绕旅游管理、电子商务专业，建成两个五年高职专业群。推进高品质课堂与课程建设，优化课堂生态，提高教学质量，探索实践"创生课堂"，形成一个"创生课堂"模式、6个"创生课堂"范型，毕业生的基本素质好，专业技能强。

③教育科研目标。秉承"科研为教研服务，教研为教学服务"的宗旨，让教师在发展中形成团队，在团队共生中寻求发展，着力打造一支严谨治教、诲人不倦的"有思想、善实践、能创新"的活力型、实力型、魅力型教师队伍。

④产教融合目标。厚植产教融合的人才培养特色，构建"人才共育、基地共建、人员互聘、信息共享、协作服务和文化交融"的产教融合运行机制，实施"一群一行业、一专一名企、一系一方案、一生一专项"的产教融合实践模式，形成校企命运共同体，建设"示范性"职教集团和产教联盟，分步推进产教融合企业学院建设。

⑤国际发展目标。依托淮扬美食国际研发基地，发挥自身专业、人才优势，研发淮扬美食国际化标准，开发淮扬美食信息化推广平台；联姻地方"龙头"企业，校企共建国际化人才培养联盟，服务"一带一路"建设；加强与国际合作院校的交流，开展多种形式合作，打造有利于学生发展的职业教育国际品牌。

（2）学校发展策略

①党建引领，为高质量人才培养把正方向。

一是加强思想建设，充分发挥党组织的政治核心作用。坚持理论中心组学习制度。领导干部带头开展学习教育，学习政治知识，增强党性修养。进一步推进学校基层党组织标准化建设，充分发挥党组织的战斗堡垒作用和党员的先锋模范作用，增强党的凝聚力和战斗力，围绕学校工作主线，加强专注发展、转型发展的思想意识和行动追求。完善意识形态工作相关制度和问责追责机制，建设健全意识形态应急处理工作流程体系，制定处置预案。加强对课堂教育教学、校本教材、教案、试卷、作业、宣传栏、校报、广播台等载体的审核把关，加强对校园网及"两微一端"等新媒体平台管理。

二是发挥党员的作用，推动学校教育教学工作的发展。发挥党员的模范带头作用。为党员示范岗挂牌，设立党员责任区，创建党员示范岗，要求党员"亮身份、亮承诺、亮业绩"。将党建文化融于校园文化，开设党史学习教育宣传专栏，细化"党员之家"建设，畅通宣传渠道，创新宣传方法，对党员队伍中的先进人物和先进事迹广泛宣传，牢固坚守意识形态阵地，使党员成为推动学校教育教学工作的骨干。党组织书记结合"一校一品"党建文化品牌，打造学习型、奉献型、战斗型党支部。学校领导干部、党员教师，人人努力破解教育教学难题，帮助广大教师解决班级管理、教育教学中的问题，不断增强教师的业务能力和实际教学水平。强调科研引领，发挥党员名师工作室的示范辐射作用。

②立德树人，培养德技并修的高素质人才。

一是五育并举，开展全员育人。发挥思政课在学生群体里中的育人主阵地作用，构建思政课"123"教学模式，从教材思政、课堂思政、活动思政三个方面开展思政教育，切实将社会主义核心价值观贯穿于人才培养全过程。发挥课堂主渠道的德育功能，践行"课程思政"理念，教师深度挖掘课程蕴含的思政教育元素和所承载的思政教育功能，在教学目标、教学内容、教学评价等方面渗透德育内容的设计。丰富校园文化生活，创新劳动、美育、体育教育形式，根据学生专业职业岗位需求定制各系部特色方案，打造特色课堂，协同推进学生德、智、体、美、劳全面发展。

二是加强校企合作，推进全程育人。通过专题讲座、案例分析等方式在学生中渐次、有序开展爱岗敬业、职业法规等教育，逐步内化为学生的职业价值观。同时，构建实习期间的德育"双导师"管理模式，实习期间除了"班主任导师"，还在企业中选择有教育管理经验的师傅作为"德育导师"，两个导师加强交流沟通，共同做好学生实习期间的德育管理工作。

三是统筹校内外教育资源，实现全方位育人。以学校教育为主导，以家庭教育为基础，以企业教育为补充，以社会教育为依托，促进学校、家庭、企业、社会形成教育合力。在学校层面，通过实施班主任青蓝工程、每周的班主任微讲堂、定期的班主任青蓝工程沙龙、每学期的班主任论坛、每学年的班主任基本功大赛等，提升班主任的建班育人能力，创建扬州市名班主任工作室；在家庭层面，通过办好家长学校，用好班级、系部、学校三级家长委员会，发挥好家庭教育志愿者的作用，做好家庭教育指导。在社会层面，利用社会教育资源，依托爱国主义教育基地、传统文化教育基地、法制教育基地、社会实践基地等，结合志愿服务等活动，丰富德育实践内容。在企业层面，积极引进优秀毕业生、行业大师、大国工匠、劳模、非遗大师等优秀校外资源，组建高质量的校外德技辅导员队伍。

③求优求新，打造省内一流专业。

一是优化资源配置，构建现代服务业专业群。学校立足现代服务业大类下的旅游、餐饮、电子商务、文化、幼儿保健等产业领域，结合学校现有办学资源及办学成果，促进形成以现代服务业为本，相关专业有机融合的专业发展局面，聚力构建现代服务业五年制高职专业群。

二是创新人才培养模式，培养德技双修人才。推行"三段三特三岗"（"三三三"）工学结合人才培养模式。以立德树人为主线，以激发学生的潜能、追寻"适合的职业教育"为主题，以培养现代服务业复合型技能人才为目标，在旅游服务与管理专业人才培养模式探索实践的基础上，探索实践"三三三"高职人才培养模式。学生在校的三个学段（三段），通过学习和体验与岗位相关的特色课程、特色资源、特色实践（三特），依次经历识岗、跟岗、顶岗（三岗）三个过程，实现从初学者、新手、熟手、能手，到胜任者的完美蜕变，从而实现对接岗位需求、提升职业能力的人才培养目标。

三是实施"三引一台"工程，促进政校企行多元协同育人。对接国内现代服务业产业发展和升级，合理利用国家推进产教融合的相关政策，与扬州市旅游局、扬州市烹饪协会、扬子江投资发展集团等密切合作，发挥政校企行联动效应，实施"三引一台"工程。以"三引"（引资、引智、引知）入校为基础，搭建政校企行合作平台（一台）——"双主体工作室"，促进校企深度融合，协同育人。

四是优化课堂教学生态，提高课堂教学质量。探索多样化教学方式，采用项目教学、案例教学、场景教学和模拟教学等多种教学方式。专业教学过程对接生产过程，教学过程实践性、开放性和职业性显著增强。教学环境有机融合学校文化与企业文化，通过实景和虚拟等多种手段充分体现企业真实情境，有效营造生产环境。探索和实施小组学习、合作学习和自主学习；根据专业特点，积极开展现代学徒制试点，试行小班化教学；因材施教，推行分层教学、走班制、导师制等，完善学习困难学生帮助机制等。

五是加强实训基地建设和管理，提升实训基地信息化水平。学校将继续加大对烹饪专业、婴幼儿托育专业、空中乘务等专业的实训基地建设，在实训基地建筑面积、设施设备等方面加大投入。所有五年制高职专业，学校分专业、分阶段地逐步实现虚拟仿真实训场所在实训基地的应用，如模拟幼儿体验室、模拟航空舱等。实训基地管理逐步信息化，实训基地资产管理、考核评价等普遍借助网络实现。实训基地的管理继续引入企业管理理念，积极营造企业化的职业实训氛围。

六是搭建学历提升立交桥，多途径实现专升本。学校根据社会发展需求，积极搭建五年制高职学生学历提升立交桥，积极开拓学生学历提升的路径。通过"走出去"与"请进来"，积极拓宽与各高校及教育机构合作的通道，通过专转本、自学考试、成人高考、国际等多种途径，为五年制高职毕业的学生搭建从专科到本科的学历提升立交桥。

④科研强校，为学生发展提供最优师资。

一是引培并重，以名师培养强化人才梯队建设。学校制定柔性人才引进政策，积极引进企业"名匠"、高素质名师等高层次人才；以国家、省、市各类人才工程为依托，加大培养、选送力度，培养一批在教科研方面取得突出成绩的人才，使之成为区域行业内有影响力的精英，尽快进入省、市"突出贡献中青年专家""省333工程人才""省教学名师"等行列；继续鼓励教师在职攻读硕士学位。加大经费支持，鼓励教师参加各级各类竞赛，投身教学研究、课题研究。定期举办名师论坛、教学沙龙等活动，营造良好的学术气氛。全方位推动教师学习提高，以骨干教师培养为重点，强化教师人才梯队建设。

二是搭建多元平台，提升教师科研工作层次。学校积极参与联院的各类教科研活动，在省联院教指委和学指委指导下，实施科研质量监督和控制。积极参加学院的专业协作组和公共基础课学科组组织开展的各类教科研活动，加强沟通交流，实现人才培养方案、课程标准、课程资源等共享。在此基础上，进一步搭建"培、研、赛、论"的多元平台，提升教师专业能力；进一步以科研成果、教学大赛、课题研究等教科研工作为抓手，推进校本研修。同时，建立健全教育科研和教学成果奖励制度，用优秀成果引领学校职业教育改革创新，不断提升教科研工作的层次和水平。

三是实施双师素质提升计划，推动教师挂职企业深度锻炼。学校制定"双师"素质教师认定办法，充分利用各类职业技能等级认定途径，选拔相关专业教师通过培训和考核，取得职业技能等级认定考评员资格，并鼓励专业教师获得高级工及技师及以上职业技能等级证书。探索发放"双师"津贴，推进"双师"队伍增量；完善、落实企业实践经费补助政策，大力营造教师下企业实践锻炼的浓厚氛围，科学合理安排教师进企业挂职锻炼；强化校系两级分层考核，推动教师深度参与企业锻炼和技术服务。

⑤产教融合，服务长江经济带和长三角一体化战略。

一是构建学校产教融合、创新发展的模式。搭建学校产教融合工作体系和运行机制。学校将把产教融合作为学校高质量发展的重要举措，融入学校建设与发展的各个环节，贯穿于人才培养全过程，并结合学校"领航"建设，落实学校产教融合发展的政策实施和重大项目建设。逐步推进具有学校校本特色的"四个一"产教融合实践模式，形成"人才共育、基地共建、人员互聘、信息共享、协作服务和文化交融"运行机制。组织实施学校高水平产教融合型专业群建设。围绕区域产业链和产业发展新技术，学校各系部建立行业和企业参与学校专业设置的评议制度，形成根据社会需求、学校能力和行业指导，科学设置新专业的机制。针对区域产业集群发展的趋势、特点和布局，各系部的专业集群与企业签订产教融合型校企合作协议，达成共建产教融合实训基地的共识。学校计划建成具有辐射引领作用的高水平专业化产教融合实训基地，推动学校产教融合型专业群建设。

二是分步推进产教深度融合的办学实践。实施"引企入教"改革实践。学校推行面向企业真实生产环境的任务式培养模式，实施引企入校、引校进企、校企一体等建设项目，开展学校与企业、专业与企业、课程教学与企业等多层次合作办学，推动学校订单式人才培养，并组织落实校企共建现代学徒制校内实训基地与项目的建设。有效落实产教协同的人才培养实践。学校开发现代学徒制和企业新型学徒制省级管理服务平台，制定推广现代学徒制的工作规范和教学标准，强化教学、学习、实训相融合的教育教学活动，强化顶岗实习实践教学，确保有效落实学校实践性教学课时不少于总课时 50%的要求。加强产教融合"双师型"师资队伍培养。依据学校师资队伍建设需求，学校实施"双师型"教师队伍建设计划，完善"双师型"教师认定标准和办法，要求专业课教师定期赴企业对口的实践岗位进行实践提升。学校在与企业合作共建的 18 个"双师型"教师培养培训基地中择选 4 个优质基地，与企业共同打造"示范性教师企业实践流动站"。

三是推进产教融合平台与产教融合载体建设。构建扬州市电商公共实训基地和产业对接平台，组织校内校外专家深入调研，科学论证，进行顶层系统设计，为全市电子商务实训教学提供实习实训基地和职业技能认定平台。将教学、生产、科研、实习、实训融于一体，形成校企"资源共享、互惠双赢"的局面。同时，遵循新发展理念，实现教育和产业在人、智、技、资等方面的集聚融合与优势互补，打造集实践教学、专业研发、行业生产和大赛集训于一体的教研训赛平台，推动产教跨界融合发展。

⑥对外交流，多渠道打造职业教育国际品牌。

一是研发淮扬美食三大标准，扩大"世界美食之都"影响力。以推广中华美食文化、助力国际名城打造、扩大"世界美食之都"影响力为目的，发挥老牌职业学校的专业资源优势，牵头建立淮扬美食国际研发基地。学校特聘淮扬菜烹饪大师常驻基地，进行技术指导，研发淮扬美食三大国际化标准：《淮扬美食书场建设与服务规范》《淮扬美食品鉴标准》《国际游客淮扬美食品鉴与服务指南》。

二是开发三条交流通道，拓展现代服务业职教国际交流渠道。开发淮扬美食双语推广平台，实现专业资源"走出去"；联姻两大"龙头"企业，实现专业人才"走出去"；借力亚洲美食文化教育联盟，实现专业师资"走出去"。

三是牵手亚欧三所学校，丰富现代服务业职教国际交流形式。保持与法国奥尔良旅游学院、烹饪学院和韩国敬仁女子大学长期而稳定的境外合作关系，计划进一步深化与两国三校"请进来""走出去"的合作，在烹调工艺与营养、航空服务、酒店管理等品牌专业，开展技术研发、海外升学、游学，师资引进、课程互换等方面的合作与交流，构建起"合作办学、合作育人、合作就业、合作发展"的互惠共赢的国际化办学模式，形成常态化、多元化的师生境外交流格局。

⑦校企联手，保障学生高端、高位、高质就业

做实"双导师"制度，形成优质、稳定的校企合作关系。学校积极发现优质、稳定的合作企业，创建"校企示范组合"，保证实训、就业基地的质量。同时，执行规范的工学结合运行机制及实习就业"双导师"制度，充分利用企业资源，有序有效组织学生开展认知实习、跟岗实习、顶岗实习工作，与本区域龙头行企联络，由学校教师和行企教师共同担任学生导师，保障技能人才培养质量，保障学生实习、就业质量。

2. 江苏联合职业技术学院张家港分院

（1）学校发展目标

立足张家港市社会经济发展需求和学校改革发展实际，在十四五期间，张家港分院将贯彻党中央、国务院加快发展新时代职业教育的战略部署，落实《国家职业教育改革实施方案》，以习近平新时代中国特色社会主义思想为指引，持续推进内涵提升，促进学校高质量融合发展。实现育人理念的进一步转变，丰富"阳光德育"内涵，提升学生综合素养；坚定"融合发展"理念，创新人才培养模式，探索体制机制改革，以扬子江职教集团为平台，推行校企双主体育人，做强企业学院，

使"四位一体"协同育人模式在各专业群全覆盖；以"三教"改革为抓手，打造以名师引领、优质教学团队为核心、企业能工巧匠为优补的高素质师资队伍，探索"学分银行"建设，培养高素质技术技能人才；加强现代职教体系和现代学校制度建设，完善质量保障体系，不断提升学校治理能力现代化水平；高质量完善智慧校园建设，实现信息技术与教学的高度融合；拓宽中外合作办学渠道，每个现代化专业群都构建"政企校外"的融合项目，引进国际通用证书和"1＋X"证书，满足区域经济发展对人才的需要；进一步提升职业教育的社会贡献度，建成人民群众认同、同类城市领先的高水平职业学校。

（2）学校发展战略

①德育引领。坚持"立德树人"根本宗旨，牢固树立"以生为本"理念，适应新时代人才培养新要求，不断丰富"阳光德育"新内涵，采取适合社情、校情、学情新举措，努力提升学生综合素养。

②融合育人。创新人才培养模式，探索体制机制改革，以扬子江职教集团为平台，推行校企双主体育人，做强企业学院，使"四位一体"协同育人模式在各专业群全覆盖；以"三教"改革为抓手，打造以名师引领、优质教学团队为核心、企业能工巧匠为优补的高素质师资队伍，探索"学分银行"建设，培养高素质技术技能人才；加强现代职教体系和现代学校制度建设，完善质量保障体系，不断提升学校治理能力现代化水平；高质量完善智慧校园建设，实现信息技术与教学的高度融合；拓宽中外合作办学渠道，每个现代化专业群都构建"政企校外"的融合项目，引进国际通用证书和"1＋X"证书，满足区域经济发展对人才的需要。

③服务社会。进一步提升学校的社会贡献度，发挥一体（公共实训基地）两翼（职业院校学生实训、社会培训）多平台的服务功能，提高技能人才培养质量，树立职教服务区域经济高质量发展的标杆，建成人民群众认同、同类城市领先的高水平职业学校。

（三）课堂生态优化的历史经纬及主要举措

1.江苏省扬州旅游商贸学校

（1）优化课堂生态的历史经纬

学校认真贯彻《国家中长期教育改革和发展规划纲要（2010—

2020）》的文件精神，于2012年提出了"潜能教育"的理念，以激发师生潜能、实现师生发展为目标，开展学校各项教育教学实践与研究活动。

①统一思想，聚焦课堂。2013年起，学校工作重心由规模扩张转向内涵建设。学校认识到，提高人才培养质量必须落实到提高课堂教学质量上来，在课堂抓育人，向课堂要质量。为此，学校确立了以提高学生教育质量为目标、以优化课堂生态为导向，通过课堂生态优化促进师生发展、促进学校人才培养质量提高、促进学校发展的教学管理思路，围绕课堂生态优化，开展了课堂质量标准改革、课堂教学评比、课堂教学大赛等一系列活动。

②立足课堂，起步探索。学校自2013年起，聚焦课堂教学质量提升目标，积极开展了一系列优化课堂生态的探索活动。针对职业教育的课堂常常气氛沉闷、消极等现状，开展了以"快乐的课堂"为主题的课堂教学改革实践，开始了课堂生态优化的初步探索。"快乐的课堂"探索活动，起点和缓、立意高远。从课堂寻常所见的沉闷表象入手，课堂改革的坡度和缓，师生乐于接受，易于入手。坚持"人在课中央"，起步即抓住课堂生态诸要素中最关键的变量——学生，立意高远。课堂改革从学生的"快乐"入手，努力变"要我学"为"我要学"、变"逼他学"为"他想学"，关注人、发展人、提升人。

2014年，学校组织全体教师研究出台了《江苏省扬州旅游商贸学校N条不能》，涉及课堂教学的有11条，明确了课堂生态优化的基本工作规范和底线要求，充分关注了学生在课堂教学中的自主感、快乐感、民主感、获得感，以及德育性、合作性、互动性、成长性。2014—2016年，学校将"快乐的课堂"课堂教学改革的成果积极应用于教学实践及教学大赛中，获得国家信息化大赛一等奖2次，江苏省信息化教学大赛一等奖6次，为课堂生态优化提供了阶段性案例，为后续学校课堂生态的进一步优化提供了实践的基础。

2017年，学校响应教育部提出的"课堂革命"的主张，开展了以施行"适合的教育"为主旨课堂教学改革，将课堂生态优化的目标从"快乐的课堂"上升为"适合的课堂"，为学校课堂生态进一步优化明晰了探索的方向。2020年，学校落实《国家职业教育改革实施方案》，提出要加大"三教"（教师、教材、教法）改革力度，结合学校的各专业、学科教学实际，开始了"四课型范式"的深入实践与研究，加大了优化课堂生态实践的力度，掘进了优化课堂生态研究的深度，将优化课堂生态的实践与研究引向了"深水区"。

③理论积淀，知行合一。学校在课堂教学探索中积极进行优化课堂生态的实践经验总结，进一步为职业教育课堂生态理论提供丰富的课堂实践素材，其中不乏一些理论价值突显的阶段性探索成果。《中职旅游类专业"盐商文化"统整课程的实践》获 2017 年江苏省教学成果二等奖，《中等职业教育"活力课堂"的创新实践与区域推进》获 2021 年江苏省教学成果一等奖。这些探索成果的取得，是对学校优化课堂生态实践的实践案例的树立和理论研究的总结，有利于及时推广学校优化课堂生态的成果，也为学校后续持续开展课堂生态优化工作积累了宝贵的经验。

（2）优化课堂生态的主要举措

"课堂是教育的主战场，课堂一端连接学生，一端连接着民族的未来，教育改革只有进入到课堂的层面，才真正进入了深水区，课堂不变，教育就不变，教育不变，学生就不变，课堂是教育发展的核心地带。"❶ 职业教育必须把课堂作为践行"适合的职业教育"的主战场，"适合的职业教育"首先必须有良好的课堂生态。学校围绕实施"适合的教育"的主旨，围绕优化课堂教学生态、促进学生完满发展，进行了一系列的实践探索。

①优化课堂生态，培训为先。

教师的发展，是学生发展的前提。教师的改变，是课堂改变的前提。为提升教师"优化课堂生态"意识，让老师重新认识课堂是什么、做什么、怎么做、做到什么样，学校针对全体教师开展系列培训。学校聚焦课堂生态优化的主题，每年 7 月定期开展为期一周的校本培训活动。

2017 年 7 月，学校邀请了省内外多名专家围绕活力课堂对教师进行专题培训。在备课组、教研组、全校教师三个层面开展教学实施及研

---

❶ 陈宝生. 努力办好人民满意的教育［N］. 人民日报，2017－09－08（07）.

讨，要求各教研组研讨制定出本组个性化的"活力课堂"评价表，并对照"活力课堂""三段六步"教学法的要求，面向全校教师及大市专家开设研讨课，最后开设了97节"活力课堂"研讨课。通过充分研讨，使"活力课堂"和"三段六步"教学法深入人心，使整体、德育、快乐、活力、情境、合作、互动、获得、成长等课堂生态的关键元素能够落地。

学校还实行三大培养工程，有效打造课堂教学人才梯队，做好优化课堂生态的师资保障——"青蓝工程"：主要针对教龄三年内的青年教师，通过师徒结对组成的帮扶团队，促使青年教师快速了解学校"课堂教学规范"，理解并尝试践行"适合的职业教育"理念，逐步规范、提升教学基本技能，迅速成长；"领雁工程"，由学校市级以上名师和骨干组成的示范团队，辐射、培养影响校内各教研组的教师，形成骨干教师成长梯队，增加教师自我发展内驱力，形成自我发展激励机制，促使教师成长、成才；"鲲鹏工程"，主要是学校与江苏理工学院马建富教授团队组成发展共同体，采用集中辅导与自主研修相集合、线上与线下相结合，协同开展基于学校战略发展需要的相关研究，培育高素质拔尖教师团队和教学成果。

②优化课堂生态，制度为基。

为优化课堂生态，推进"活力课堂"的建设，学校先后出台了《"适合的职业教育"课堂教学"八禁止"》《师能提升考核办法》《关于巡课检查的规定》《关于备课检查的规定》《教学信息员制度》《课程负责人制度》等文件，规范教师课堂教学行为，明示课堂教学的行为底线，鼓励教师进行教学能力的提升。以制度化的刚性规定，划好课堂生态日常管理的高压线、质量评价的标准线。

③优化课堂生态，榜样为范。

学校持续举办"三课"评比，即上课、说课、备课比赛，比赛结果与各教研组教师年度绩效考核挂钩，鼓励引导各教研组积极开展教学创新，培育课堂生态的优秀典型，树立了一批可资借鉴的课堂生态建设的良好榜样。学校在原"三课"（上课、备课、说课）比赛的基础上，推行了月度四课型（起始课、新授课、讲评课、复习课）"三课"比赛，按破冰之旅（起始课）、启航之旅（新授课）、返航之旅（复习课）、温故之旅（讲评课）四种课型，依次在学期各月份进行。每月邀请专家担任评委，并召开专题讲座指引课型教法。

2021 年 7 月校本培训期间，学校组织各教研组完成本组四课型教学研讨，形成了四课型的基本范式。学校同时持续推进"三说"评比。"三说"分别为：说"科研"，主要是课题沙龙形式，用来分享课题研究心得和成果；说"设计"，主要看教研组如何围绕教学大赛进行教研，教研质态和成果如何；说"心得"，主要看教研组理论专著学习质态和成果。

"三课""三说"都是先进行教研组组内专题学习、研讨、分享和评比，最后择优派出选手进入校级评比活动，进行成果展示汇报，让更多的老师分享教研组教科研成果。每项评比都由省、市知名专家实施分档评比，评比结果纳入学期考核，倒逼教师形成发展内驱力，让教师在研讨中发现差距和问题，在研究中获得感悟和提升，更精于上课、听课、评课，不断提升自己优化课堂生态的水平。

④优化课堂生态，监测为鞭。

在持续不断地优化课堂生态的过程中，每个教师的理解、执行是否到位？还存在哪些问题？学校构建了由教育局督导员、校聘常驻督导团、校聘飞行督导组成的三支第三方督导团队，以及由教务处、系部教学管理团队、校质建办巡课员和学生信息员组成的监督体系。一是对全体教学人员的课堂生态、课堂质量进行全面摸底评估，着重考察教学目标与教学设计的适合性、教学过程的活力展示、课堂教学的生态性；二是通过随机检查日常的课堂生态，对教师的工作能力、工作态度进行相对客观公正的评估，对教师的业务考核提供相对科学的佐证材料，让能干者有成就感，让肯干者有安全感，帮助教学管理工作找准着陆点、明确方向；三是通过督导评估，提升全体教师的课堂生态意识、质量意识，提升学校的课堂育人质量。

活动预备期，学校质建办及专家督导组协同制定督查整套流程方案，并进行督导工作培训及相关资料前期准备。随后的一个月期间，督导组专家深入课堂、随机听课、查阅教案及作业情况、个别交流，并进行小组研讨、学校教学管理部门小反馈、全校教师大反馈。专家们从课堂生态总体情况、优秀课例介绍、薄弱课例说明、课堂生态总体点评、课堂生态优化建议等五个方面向全校教师作详细反馈。

2018 年 11 月 15 日至 12 月 25 日、2019 年 11 月 19 日至 12 月 20 日、2021 年 5 月 15 日至 6 月 20 日，学校聘请由省特级教师、正高级讲师、教研室主任、兼职教研员、市学科带头人组成的第三方督导团，三度开展为期约 1 个月的课堂教学质量督导评估活动。专家入驻校园，全员覆盖，推门听课，并查阅相关教学资料，与教师进行面对面交流，对每个教师的日常课堂生态"问诊把脉"，对存在的问题提出改进意见（图 5－1）。对课堂生态不理想的老师，采取绩效挂钩、领导约谈、专题培训等方法督促改进。

图 5－1　学校课堂教学质量评估反馈会场景

⑤优化课堂生态，信息助力。

在信息化时代，教育信息化的软件和硬件是学校课堂生态的重要组元，是职业教育课堂生态的新力量，是助推学生成长的新动能。教育信息化只有在教学中、在课堂上得到了合理的教学应用，才能发挥其应有的作用。

学校大力开展数字课程资源、仿真实训资源建设，开展教学信息化助力职业教育的研究。目前学校建有信息化名师工作室 1 个，信息化教学创新团队 10 个；开展信息化教学课题研究建设有多机位录播教室 4 间；建设有学校的品牌专业仿真实训软件系统，涵盖导游模拟仿真实验、市场营销仿真实训、电子商务实训、电子钢琴与仿真系统实训、税务仿真实训、中餐模拟厨房实训等；建立有精品课程资源库，重点建设了主干专业、特色和品牌专业的数字资源。2018年7月，学校推出了"梅苑课堂"移动学习课程建设项目，该项目以个性化定制、碎片化学习、线上线下互动为特色，基于学校现有学习平台（泛亚平台、超星学习通等），通过APP、PC端等媒介，为广大师生提供更专业、更系统、更便捷的教学资源服务，同时为广大师生提供教学、检测、考核等功能。该项目正处于持续有效建设中，已完成终期性验收13门。

学校全体教师均能熟练使用泛雅平台建设网上课程，在2021年9月扬州新冠疫情期间的线上教学活动中"梅苑课堂"移动课程面向本学期所有在校83个班级的全校学生推出了涵盖公共文化课、专业理论课和专业技能课的线上教学内容，《计算机应用基础》《地方景点导游》《导游基础知识》《淮扬名菜》《数学那些事儿》等梅苑精品网络课程在本次线上教学活动中很好地发挥了线上课程示范作用，自身课程也在本次线上教学实践中实现了进一步的完善。

2. 江苏联合职业技术学院张家港分院

张家港分院校企合作优化课堂生态，经历了校企"二元"初探索、"四位一体"发展阶段、"三元二区"创新阶段三个过程。

（1）优化课堂生态的初步探索——校企"二元"合作（2003—2013年）

2003年，江苏联合职业技术学院张家港办班点（张家港分院的前身）与江苏新美星包装机械有限公司（以下简称新美星）合作，把学校数控车间改造成新美星实训车间。企业派1名车间管理人员和10名数控操作师傅到新美星实训车间担任企业导师，学校派1名管理人员和4名实训教师与企业师傅组成混编教学团队，以新美星公司当时的生产项目——饮料输送机辊筒产品的生产为基础，合作开发了《输送机配件的生产及其安装与调试》项目，作为学生技能实训课程。把当年机电一体化技术四年级45名学生作为校企合作班学员，开启了校企共同优化职教课堂生态的初步探索。

在新美星实训车间，生产车间与实训课堂融为一体，一名工厂师傅带4名学校学生，教学与生产相结合，通过有组织、有计划、系统规范的企业产品生产，学生边学边做、边做边学，学习对接生产，既检验了学生专业理论学习效果，提高了综合技能水平，又积累生产劳动中所需技能和品格，形成产品质量意识，锻炼和培养了岗位适应能力。

新美星实训车间课堂成为学生消化理论、锤炼技能、初步培养综合应用能力体系的新形态，打破了单向的人才培养模式，开启校企"二元"合作、教师与企业师傅一体化教学的新实践。2004 年 6 月，第五次全国职教工作会议把张家港分院作为参观考察点，时任教育部部长周济考察后，称赞新美星车间校企合作课堂教学代表了中国职业教育发展的方向。

（2）优化课堂生态的发展阶段——政企校外"四位一体"（2013—2015 年）

在适应张家港外向型经济转型升级过程中，张家港分院成为越来越多外资企业技术技能型人才的用工储备基地。为进一步提高人才培养与企业需求的适配性，从 2013 年起，张家港分院在政府的主导下，与德国职教集团合作，借鉴德国"双元制"先进理念，努力打造政府、行业企业、国外知名职教集团、学校"四位一体"职教课堂生态新范式。

"四位一体"职教课堂以需求导向为理念指导，适应区域现代制造产业结构、对接企业岗位职责需求、满足学生可持续发展，关注企业用工与学生发展两个方面需求。张家港分院与 BBW、BBIW 等德国职教机构合作，协商修改人才培养方案，全面引进德国机械、机电和化工等专业项目课程和人才培养标准，创新构建"学校技能课程 + 企业岗位课程"的整合体系。在低中年级，学生在校园进行专业理论知识和基础技能的学习，以学校教师教学为主，学生以班级授课制方式进行学习，主要学习专业理论和专业基础技能，辅之以企业参观和企业见习。进入高年级后，学生以基于工作逻辑而开发、主要是在企业场所生成和实施的企业课程作为主要学习内容，由企业导师为教学主体、学校教师为辅共同开展教学，通过分组学习、小班化学习、网络化学习等形式，倡导"教学做合一"。课堂的评价实施也由学校、企业、社会和家庭等多元主体共同参与，评价过程中既注重知识、技能、能力的评价，也关注学生职业精神和综合素养的养成和提升评价。

以中德 BBIW 项目为例。2015 年，张家港保税区政府为向区内化工企业提供技术工人培养支持，组织保税区内相关化工企业与张家港分院化工专业合作开展中德化工人才培养，以满足应用化工技术专业应用型人才的需求。张家港分院与保税区内的瓦克化学（张家港）有限公司联合，共同修订化工专业人才培养方案，并将五年一贯制应用化工专业四五年级的学生作为培养对象。同时，保税区政府在张家港分院原有化工实验室基础上出资450万元，参照德国瓦克学院化工实验室标准，从德国采购设施设备，添置了世界一流的化工实验实训设备，建设中德化工实训基地。为了加强师资培训，企业会同学校，派4名教师赴德国瓦克学院进行了为期2个月的学习，了解德国教学标准和教学方式，熟悉教学内容，另派10名教师通过线上学习、线上考核等获得德方授课资格。

张家港分院还与瓦克化学（张家港）有限公司、德国BBIW瓦克学院三方合作编写了《中德综合化学实验》教材，教材内容一部分是引进德国BBIW学院化工实验教程中部分实验内容，由相关专业老师翻译编排设计；还有一部分是以企业一线的生产内容训练学生的实验和技术技能，由专业老师根据企业工程技术人员提供的企业案例结合实训基地实际教学环境重新设计改进；此外，根据教学大纲的总体要求，从科研文献资料中选择和改进了少量实验内容作为设计研究性综合实验。在教学的实施过程中，采取教师根据修订的中德化工人才培养方案，参照德国标准以项目化教学为主进行授课，教学过程以学校教师教授为主。为了保证教学质量，企业每月派两名导师利用2个半天到学校进行教学；德国瓦克学院每学期派2名导师来张家港分院进行2周的教学示范和质量督学。

中德BBIW项目实施至今，已经培养了4届学生，学生们通过该项目，增强了运用专业技术技能解决生产一线工程技术问题的能力。如中德BBIW项目2016届应用化工专业优秀毕业生许洋洋，在校期间曾担任校学生会生活部部长，多次获得"优秀学生会干事""优秀志愿者"等称号。2021年毕业后入职瓦克化学（张家港）有限公司，担任ELA工厂工艺技术员。在工作中，他出色的组织能力、沟通能力及协调能力，得到领导与同事的喜爱。他在新员工职业技能考核中取得了优异的成绩，在新人之中起到了榜样作用，在工作之余，他也抓紧一切机会学习新知识新技术，抓紧时间，努力地提升自己。

（3）优化课堂生态的创新阶段——"三元二区"融创中心（2016年至今）

伴随着产教融合协同育人的不断深入，2016 年 9 月，为了适应新时代发展高素质技术技能型人才的需要，针对职业学校人才培养过程中普遍存在的协同性"融合育人"缺乏有效载体、科学性"课程融合"缺乏情境支持、整体性"队伍融合"缺乏顶层设计等核心教学难题，借鉴利益相关者理论和德国学习工厂经验，张家港分院创新实施"三元二区"协同育人，努力打造职教生态课堂。"三元"是人才培养的三个主体，分别是学校、企业、德国职教集团。"二区"是指在学校设立校区产业学院，在企业设立厂区企业学院。针对区域内产业集群对应的专业群，成立校区产业学院。在每个校区产业学院内部，根据专业对接企业，由区域内龙头企业引领，分别设立不同的厂区企业学院。充分利用学校校区产业学院资源和企业的厂区企业学院，让学生在不同学习场域交替学习、轮换适应，分别完成基础理论和技能学习、工学结合实践学习、技能提升训练、企业入职适应性训练等。在此过程中，校、企、外三方发挥各自优势，把实际生产经营过程和教育教学活动过程紧密联系起来，把德国职教集团先进教学模式渗透到课堂教学的全过程，统筹整合资源，共同制定人才培养方案，构建理论和实践课程体系，开发项目化教材，组织课程的实施，帮助学生成为适应区域经济社会发展的高素质技术技能型人才（图 5–2）。

"三元二区"协同育人职教生态课堂的构建是基于"服务学习、真实体验"情境创设，重构产教融合型课程体系及教学路径；赋能教师专业发展，打造"学校教师＋德国外教＋企业师傅"三元融合型教学团队；以协作网络为基础，聚合重组产教融合共享式"实训基地"等教学要素资源，为区域经济发展创造人才红利，服务地方经济发展。

这一新型课堂教学模式，将产业部门和专业系部紧密联系，将产业集群对接专业群，以龙头企业为引领，引进国外职教集团教学标准，校区成立产业学院，在对应的企业成立企业学院。专业对接企业，教学活动过程对接实际生产过程，校、企、外三方资源共享，功能对接，责任共担，人才共用，设施共建，信息互通。

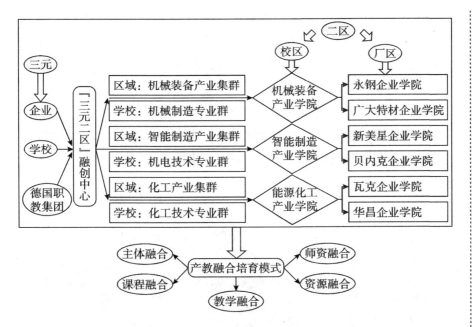

图 5-2 "三元二区"融创中心组织架构

与"四位一体"课堂生态以学习课程＋企业课程模式不同，"三元二区"融创中心建立起全新的职教生态课堂：以学校（张家港分院）、企业（张家港市及周边区域内骨干企业）、德国职教机构（BBIW 职业培训中心、ECKERT 教育集团等）三元构成主体，以在学校设立的"校区产业学院"和在企业设立的"厂区企业学院"为不同的授课场域，参考德国职教教学标准，学校和企业深度合作，共同开发的、融理论与实践、工作与学习为一体的"校企外一体化课程"，打造全新的职教生态课堂：专业培养目标及培养内容深度均对接产业集群内企业的岗位需求，注重实践教学，教学设计体现理实一体特色，采用基于工作过程系统化和任务驱动的理实一体化课程体系与课程教学、基于典型工作任务和生产性职场环境的系列化综合实训教学，跟岗实习与顶岗实习相结合的现场实习锻炼，提升学生综合职业能力，注重"现代工匠"的培育。

"三元二区"融创中心充分借鉴德国"学习工厂"经验，通过利益相关者协同合作，搭建产教融合教学模式（图 5-3），明确三方利益主体的权利与职责，实现补齐短板功能对接、人才共用责任共担、资源共享，夯实基础。一是以平等促协同，建立去中心化式的"校企外"资源共享。将三方设备、技术资源有效聚合，共建 9 个虚拟实训室、5 个仿真教学平台，学生通过仿真操作，提前适应企业生产，形成人才培养目标一致、结构互补、文化交融。二是以职责驱动，建立体系同构、立体培养的机制。以产业学院、企业学院为纽带，引进德国职教资源，搭建"三元二区"生态课堂多样化的授课平台，协调三方利益，围绕共同培养高素质技术技能人才的目标，在人才培养、技术研发等方面深度合作，达到利益和价值的最大化，完善人才培养供给链。

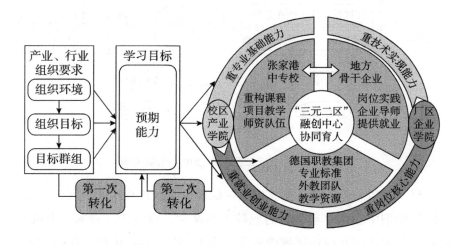

图 5-3　"三元二区"融创中心协同育人体系

"校企外"共同开发"产教融合型"课程体系（图 5-4），将新工艺、新标准等纳入课程内容，将教学标准与岗位能力标准对接。将碎片化的企业工作过程转化为课程内容，以企业项目为载体，形成课程结构，实现"课程模块化、内容项目化、项目岗位化"。授课内容蕴含了企业工作过程元素，是融合理论性知识与实践性知识一体化、以模块、项目和岗位的形式汇集为工作知识的新的授课课程。

基于不同阶段能力培养重点，创新性地创设"校区+厂区"联结一体的多元情境，学生在"产业学院""企业学院"情境转换开展学习（图 5-5）。学习场所、学习者身份与能力培养等由单一向多场域、多角色、多层次的转变，实现学习者能力培养与生产岗位需求对接，提高学生技术创新能力和综合职业素养。

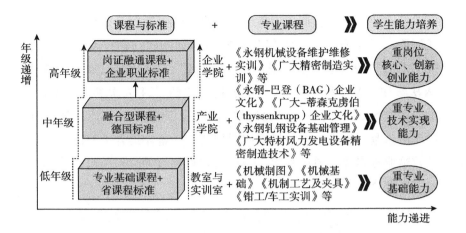

图 5-4　"三元二区"融创中心课程体系架构

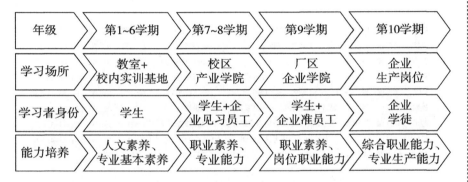

图 5-5　"三元二区"融创中心课堂学习模式

（四）课堂生态优化成效

1. 江苏省扬州旅游商贸学校

（1）师能次第提升，看见人的成长

学校以《扬州旅游商贸学校教师发展方案》为蓝本，以《教师发展考核细则》为抓手，依托《扬州旅游商贸学校教研组"三课"考评细则》，组织进行扬州旅游商贸学校师能课堂提升专项评比活动，倒逼教师提升课堂教学能力，实现师能专业化高规格发展。在优化课堂生态的行进中，看得见教师的成长。2020 年秋开始，"三课"之上课、备课比赛围绕"四课型"开展（图 5-6），即每学期在开学初、学期中、期中考试后、期末考试前依次以起始课、新授课、讲评课、复习课四种课型为主题开展上课、备课比赛，每个教研组每月都需推出优秀教师参加特定课型赛课，学校聘请省市各级教研员、特级教师及外校教学管理者担任评委，评定等级。2021年7月校本培训期间，学校组织各教研组完成了本组"四课型"范式报告。"四课型"三课比赛以来，目前已有96人次参加上课比赛、192人次参加备课比赛、24人次参加说课比赛，评出一等奖54个。各教研组通过教师参赛、专家点评、组内研讨逐步已形成可借鉴、推广的本学科组四课型范式，整体提升了四课型教学质量及教师业务素养。通过赛课，一批优秀青年教师脱颖而出，受到评课专家的高度赞誉。

2020—2021学年第一学期 "三课"之 讲评课 比赛信息表 2020年11月24日

组别	课型	授课教师	开课课题	开课地点	开课班级	开课节次	开课时间
烹饪	讲评课	王志强	试卷评议	敏行楼602	18106	第1节	8：05-8：50
信息商贸	讲评课	乔 敏	试卷评讲	知行楼四楼录播教室	18418	第2节	9：00-9：45
数学	讲评课	张 鹏	《高三一模》试卷评讲	敏行楼6楼	18106	第3节	10：00-10：45
语文	讲评课	袁 静	语文期中试卷评讲	知行楼203	19527	第4节	10：55-11：40
旅游	讲评课	钱 千	《导游基础知识》期中试卷评讲	闻馨楼5楼	19207	第5节	2：00-2：45
艺术	讲评课	卢沛沛	傣族舞蹈基本手位后踢步组合	笃行楼5楼舞蹈房	19528	第6节	2：55-3：40
思计体	讲评课	王 璐	计算机一级模考试卷评讲	体育馆2号机房	20526	第7节	3：55-4：40
英语	讲评课	徐 佳	试卷评讲	敏行楼601	18104	第8节	4：50-5：35

适合的教育 有效的教学 活力的课堂——我们永恒的教学追求

图5-6 讲评课比赛信息表

（2）课堂质量升格，看见课的优化

近年来，学校聚焦课堂生态的优化，以"活力课堂"探索研究活动为抓手，积极探究中职"活力课堂"的意义与实践价值，明确"活力课堂"的特征和导向，通过专家引领、大组教研、小组磨课，借助微格教研的方式，规范课堂教学行为和研讨教学流程，强力打造课堂生态的职校"金课"。

2019年12月18日，由扬州市教科院、扬州旅游商贸学校共同承办的2019省职业院校教学大赛成果宣讲活动（苏中片区）隆重开幕。该校副校长在开幕式发言，向与会嘉宾介绍了学校校本教研的特色做法，重点聚焦于课堂生态优化、职教金课打造的经验做法（图5-7）。2019年省赛一等奖获得者董佳团队展示一节题为《亚硝酸盐食物中毒知多少》的优质课并做经验分享。董老师凭借扎实的授课基本功、生动的语言表达、缜密的逻辑分析和较高的课堂驾驭能力，充分展示了良好的个人素质和过硬的教学水平。

图5-7 学校领导在省教学大赛成果宣讲会上发言

2020年12月25日学校与横山榆林职教中心电子商务专业的师生秉持活力、有效、适合的课堂生态要求，以时下最流行的直播带货为主题，同上一节课，切磋直播带货技艺，并开展网络教研（图5-8）。扬州、榆林两地跨越1500多公里的活力课堂的探讨受到两地专家领导的好评。该活动受到"学习强国""江苏职教"等省级、国家级媒体关注与报道。

图5-8 两校师生同上一堂课

图 5 - 8　两校师生同上一堂课（续）

2021 年 12 月 29 日，学校面向扬州市所有职业学校及长三角地区其他职业学校做了扬州市职业教育活力课堂暨扬州旅游商贸学校第五届梅苑教学节展示活动，在会上推介了学校基于活力课堂的"四课型"教学改革典型经验，持续推进教学方式和教学模式创新。

（3）促进问题诊改，看见教的臻美

学校十分重视每年的教育教学督导工作。督导月中，各督导员凭证上岗，按照学校提供的总课表，随时随机进入课堂进行听课督导、备课督导、作业督导。教学督导工作经过 2018 年、2019 年两年的试行，取得了良好的效果。基于前三年的运作，2021 年学校进一步扩大督导工作，由每个教研组一名督导员发展为两名督导员，分别独立开展督导工作，最终综合评价，对全校每个教师和班级课堂进行问诊把脉，目前已积淀形成学校督导制度，逐年修订，纳入学校的教学督导体系。

以 2021 年为例，督导组共听课 257 节，其中优秀等级课为 83 节，良好等级课为 133 节。优秀率为 32.3%，优良率为 84.0%。校长室高度重视此项活动，全程参与评估方案的拟定及实施。学校强调，教学质量评估是对全体老师教学情况的一次摸底排查，学校的各项教学诊改工作将以该评估结果作为诊改的基础诊断结果，教务处要以该评估结果为出发点，制定相应教学诊改措施，并积极组织实施；全体教研组要根据评估结果积极采取相应措施，提升本组各教师教学水平；全体教师要根据专家建议积极改进个人教学，不断提升教学能力。

全校性教学质量评估活动适应了学校高质量发展的迫切需求，得到了全体师生的一致认可与重视。各教研组根据督导结论，以及校长室和教务处的指导意见，有针对性地设计了2022年度教师教育教学能力的培养提升计划，帮助教师适应新的竞争环境中的新要求，明晰质量标准，转变教学理念，改进教学方式，提高教学质量。该项工作推出后，获得了省市教育行政主管部门的肯定，兄弟院校的同行们纷纷前来交流取经。

（4）推进教研发力，看见研的供给

近年来，为提升教师专业素养和师能水平，学校每年都会利用暑期和寒假围绕"适合的职业教育"这一主题，举办系列化的校本培训，主要是为了解决近期教师在课堂教学和教育科研方面存在的问题。学校特别强调培训的主题化、系列化、精准化，切实做到培训能够为教师课堂教学蓄力、助力。

近年来，围绕"适合的职业教育"，学校已举行了"适合的教育理念""适合的教学方式""适合的课程""适合的资源""适合的教学团队"等系列校本培训，真正解决学校教师在课堂教学中存在的困惑。为了提升学校教师的学历层次、理论水平、研究能力，学校与南通大学联合举办同等学力在职研究生培训研修班，帮助学校30多位老师集中辅导，集中考试，提升他们的从教能力。

2. 江苏联合职业技术学院张家港分院

（1）助推学生全面发展，人才培养质量显著提升

校企合作优化后的职教课堂，以校、企、外"三元"为主体，共同修订人才培养方案，重建课程体系，打造混编教学团队（学校、企业师傅、外教），校区与厂区"二区"进行教学场域的转换，实行"3+1+0.5+0.5"分段培养（表5-1），人才培养过程得到显著改善，培养质量得到明显提升。

近年来，学生中级工通过率超过98%，高级工通过率逐年上升达92%。12个"1+X"项目证书试点，173人获得各类证书，学生在全国技能大赛中获得32金12银1铜，位居全国前列，有168人在江苏省技能大赛中获奖。毕业生秦鑫获江苏省首届状元大赛"状元"称号，施秋冬等3人获得苏州市劳模称号，赵春荣等4名学生在张家港市技能大赛中获得状元荣誉，徐智松等6名毕业生辅导学生参加全国大赛获得

金奖。学生综合素质显著提升，创新创业大赛 5 名学生获一等奖，59 名学生获奖。优化后的职教课堂也助推学生高质量就业。近七年，学校为社会培养了近 10000 名毕业生，1879 名学生进入本科院校深造，毕业生对口就业率超过 89%，毕业生就业稳定率超过 85%，企业对学校毕业生的满意度高达 98% 以上，有效服务区域经济高质量发展。

表 5-1　优化后的学校 "3+1+0.5+0.5" 人才培养模式

学年＼安排	学习场所	学生身份	师资团队	教学核心内容	学习形式	评价主体	证书
3（前三学年）	学校	学生	学校	国规省规课程	集中学习	学校	通用证书
1（第四学年）	校区产业学院	学生学徒	校+企+外	专业知识通用技能	技能训练	学校企业	"X"证书
0.5（第五学年上学期）	厂区企业学院（多家）	学徒准员工	企+外+校	专业技能岗位能力	专业实践	企业学校	"X"证书 IHK 证书
0.5（第五学年下学期）	顶岗实习企业	准员工员工	企业	岗位能力生产技能	顶岗实习	企业	企业证书

（2）搭建多元化发展路径，教师团队成长迅速

优化后的职教课堂基于企业岗位需求和学校学生发展需求来共同确定课程目标，以企业项目为载体，重塑课程结构，实现"课程模块化、内容项目化、项目岗位化"的课程内容格局。课程内容不再是单一的学术理论性知识，而是蕴含了企业工作过程的、融合理论性知识与实践性知识的综合性知识，并以模块、项目和岗位的形式表现出来。学校和企业共同开发《永钢-巴登（BAG）企业文化》《广大特材风力发电设备精密制造技术》等模块化、项目化课程，形成教材 43 本，加工制造类信息化资源 35 项，创建了 15 门精品课程。新设了《如何做好设备小改小革》《氧传感器的故障诊断与排除》等新型活页式、工作手册式教材 14 本，岗证融通课程 26 门。师生协同开展技术创新，研究成果转化项目 19 项。通过创设"校区+厂区"多元情境，创新协同课堂教学实施路径，学生通过完成工作任务来实现职业能力的发展，基于实践全流程

及不同年级"阶段能力"培养目标,如图 5-9 所示。"校区+厂区"的多元教学情境让学生处于真实的职业环境中,在师傅指导下习得岗位操作能力,促进学生与企业相互认同。同时,校企外三方混编教学团队迅速成长。两年来,张家港分院教师在省级以上教学能力大赛中获奖 26 人,国家、省级技能大赛获奖 20 人,全国优秀教练、省技术能手 7 人,省级以上刊物上发表论文 170 篇,获奖 44 篇,省级及以上课题研究 10 项。"融合创新"教学团队获评江苏省中职教师教学创新团队、苏州市"四有"好教师团队。

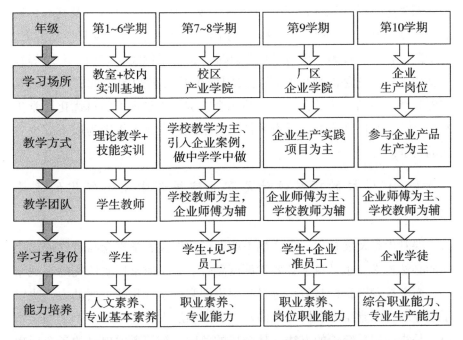

年级	第1~6学期	第7~8学期	第9学期	第10学期
学习场所	教室+校内实训基地	校区产业学院	厂区企业学院	企业生产岗位
教学方式	理论教学+技能实训	学校教学为主、引入企业案例,做中学学中做	企业生产实践项目为主	参与企业产品生产为主
教学团队	学生教师	学校教师为主、企业师傅为辅	企业师傅为主、学校教师为辅	企业师傅为主、学校教师为辅
学习者身份	学生	学生+见习员工	学生+企业准员工	企业学徒
能力培养	人文素养、专业基本素养	职业素养、专业能力	职业素养、岗位职业能力	综合职业能力、专业生产能力

图 5-9 "校区+厂区"课堂协同教学实施路径

(3)促进区域经济发展,建设成果集聚效应凸显

与张家港分院合作优化职教课堂生态的区域内企业达 47 家,这些企业为区域经济社会发展做出了重要贡献的同时,也有效推动了企业自身的发展。其中双方合作共建的新美星企业学院、永钢企业学院等被评为苏州市优秀企业学院,贝内克长顺、瓦克化学等 6 个项目被评为苏州市现代学徒制试点项目,江苏永钢集团、张家港广大特材股份有限公司、张家港易华润东新材料有限公司 3 家企业被评为江苏省产教融合型

试点企业。中车－西门子－张家港分院工业 4.0 智能控制产业学院、机器人应用技术产业学院等也正在落户建成。此外，学校还主动结对帮扶贵州沿河、新疆巩留、霍尔果斯等中西部地区职校，推广示范职教课堂生态建设经验。《职业技术教育》《中国教育报》"江苏职业教育网""学习强国"等融媒体进行多次专题宣传报道，形成良好的社会示范效应。

四、案例分析

课堂生态是"以促进学习者完满发展为追求的主体行动及其与环境之间的联系状态"。其中的主体既包括学生，也包括教师及其他相关者。环境既包括课堂设施、设备等硬件环境，也包括制度、装饰、心理等社会文化环境。它是由师生和环境共同作用并被感知的"此在"——具有即时性且不断变化的存在。上述两个案例学校呈现了各自优化课堂生态的经纬、举措和成效，既有共性也有不同，大体上表现为以下五个方面的特征。

（一）学校的顶层设计是职业院校课堂生态优化的主要动力

课堂生态发展是生态学立场下职业院校课堂教学理念与价值追求落地的必然追求，也是教学各要素深度融合、教学质量提质培优的客观结果，而学校发展目标与战略选择是促进课堂生态优化的主要动力，决定了职业教育课堂生态发展的风向标。所谓顶层设计，原是一个工程学术语，是指运用系统论的方法，从全局的角度，统筹考虑项目的各个层次和各个要素，在最高层次上寻求问题的解决之道。● 将"顶层设计"引入职业教育中，主要是指通过顶层设计确定职业教育教学的目标，选择实现目标的具体路径，制定正确的部署规划，并适时调整，持续推进改革。❷ 这一"最高层次的解决之道"在江苏省扬州旅游商贸学校的体现

● 何世松，贾颖莲. 高等职业院校"双高计划"项目实施的顶层设计、关键路径与评价指标［J］. 职业技术教育，2020（14）：6－10.

❷ 郝双美. 基于顶层设计的高职院校教学改革路径探索——以大连职业技术学院为例［J］. 辽宁高职学报，2017（2）：48－51.

是建立了"坚持教学改革，优化课堂生态"的学校发展目标，具体表现为要围绕旅游管理、电子商务专业，建成两个五年高职专业群，探索实践真正的"创生课堂"。如前所述，该校确立了有机的生态发展战略。在教学方式上，积极采用项目教学、案例教学、场景教学等多种创新型教学方式；在教学过程中，坚持实践性、开放性和职业性的三性统一；在教学环境中，糅合学校与企业的文化，建立共生型文化；在教学模式上，依据专业特色，积极开展试点工作。基本确立了响应政策、契合自身、多方共参的目标体系，有效避免了职业院校发展缺乏全面、协调、可持续发展指导方针的不足。江苏联合职业技术学院张家港分院，历经三十余年的办学历史，秉持传承"培养实用技术人才、服务港城经济建设"的办学理念，树立"成功就是成为最好的自己"的成才观和"德技双馨"的质量观。经过多年探索，该校立足于时代发展的需要与自身改革发展的交叉点，坚持开展"阳光德育"工作，提升学生的综合职业能力，明确聚焦于德育、融合、服务的三大特色。

（二）合理的制度安排是职业院校课堂生态优化的重要保障

在职业教育课堂教学质量治理体系中，制度是有效推进职业课堂教学质量协同共治的基础，职业院校的"生态性"能否展现、生态治理能否实现？关键在于其既要合理又要合法，而教育生态化治理的合法是由完善的制度体系所保障的。事实上，制度具有刚性约束与人文关怀的双重色彩，过去人们往往重视了前者而忽视了制度的人性化色彩，因此才会出现"制度规范"与"实施困难"并存的困境。在中国特色社会主义进入新时代的当下，面对"00"后的教育对象，职业院校的制度管理如何实施、如何制度化打造"以学生为中心"的生态课堂，应该成为学校制度安排的重心。在江苏省扬州旅游商贸学校的教学实践中，正是坚持贯彻了这一理念，从而实现了关注人、发展人、提升人的课堂改革。学校在2014年组织全体教师研究出台了《江苏省扬州旅游商贸学校 N 条不能》《"适合的职业教育"课堂教学"八禁止"》《师能提升考核办法》等多份制度文件，分别从课堂教学、师资培训、督导质量评价等多个层面进行了制度规划，成功打造了让学生具有自主感、快乐感、民主感、获得感的快乐课堂。江苏联合职业技术学院张家港分院以外向型经济转型为基，将做大做强企业学院作为学院发展蓝图，学生发展需求与企业用工协调是职教课堂改革的重难点，该校努力探索形成人才供需关系转换对接的融合式课程制度，在低、中年级以班级授课制为主学习专业理论和基础技能，在高年级以校企双元协同培养为主提升学生实践能力和综合素养并建立与之相适应的多元化评价体系，为现代化职业学校治理赋能。

（三）优良的师资队伍是职业院校课堂生态优化的关键要素

没有高水平的教师队伍，就没有高水平的职业教育。无论多么美好的顶层设计，多么先进的课程理念，如果没有教师将其落实到课堂上，均不会起到实效。[1] 因此，作为课堂生态的主体因子，一支师德高尚、理念先进、业务精湛的师资队伍对于构建生态课堂具有显著影响。如前所述，本书中的两所案例学校从教师队伍构成、培训工程开发、合作培育三个方面都做了有益的尝试和探索。在教师队伍构成方面，两校都从教师队伍整体的学历结构、能力结构、学科结构等多方面考虑，综合选聘教师：江苏省扬州旅游商贸学校拥有正高级讲师 2 人、省特级教师 2 人、省职教领军人才 6 人，苏教名师 1 人、省级非遗传人 1 人、市特级教师 3 人、市有突出贡献的中青年专家 1 人、市学科带头人 5 人；江苏联合职业技术学院张家港分院拥有全国职教名校长 1 人、省职教领军人才 4 人、职业教育教科研中心组成员 5 人、全国优秀教师 1 人、苏州市名教师 3 人、苏州市学科带头人 17 人、全国职业院校技能大赛优秀指导教师 11 人、省名师工作室 2 个、苏州市名师工作室 6 个、苏州市"四有"好教师重点培育团队 1 个、江苏省教学创新团队 1 个。此外，还有外聘企业专家、外教等兼职教师 43 人；在培训工程开发方面，两校均注重教师的继续教育，立足于"科研、引培、合作、监督"四大关键点。江苏省扬州旅游商贸学校积极统筹校内外资源，实施班主任专项培训，建成扬州市名班主任工作室，并于每年 7 月定期开展为期一周

---

❶ 李德方. 职业院校课堂生态研究及其价值 [J]. 江苏高职教育，2022 (1)：38－44.

的校本培训活动，同时还实施推进三大培养工程（青蓝工程、领雁工程、鲲鹏工程），鼓励教师参加各级各类竞赛，搭建"培、研、赛、论"多元平台，全方面提升教师的科研能力；在合作培育方面，江苏联合职业技术学院张家港分院着眼于打造以名师引领、优质教学团队为核心、企业能工巧匠为补充的高素质师资队伍。如在中德 BBIW 项目中，企业每月派两名导师利用 2 个半天到学校进行教学；德国瓦克学院每学期派 2 名导师来张家港分院进行 2 周的教学示范和质量督学，促进彼此之间的交流与监督。唯有真正破解师资队伍现有困境，营造教师培训生态化的大环境，帮助教师确立生态教学的绿色理念，提升广大教师对自我完善的自觉性，才能切实提升教师的学科专业知识水平和职业技能，进而形成相互依存、相互作用的良好生态链。两所案例学校的实践表明，这样的目标是可以实现的。

（四）产教融合、校企合作是职业院校课堂生态优化的有力支持

产教融合是推动教育链、人才链与产业链、创新链深度融合，实现教育优先发展、人才引领发展、产业创新发展、经济高质量发展的重要法宝。产教融合、校企合作是我国新时期促进职业教育高质量发展的顶层设计和关键路径。这既是适应职业教育本质特征的必然要求，也是推动产业进步和企业发展的重要举措。江苏省扬州旅游商贸学校与香格里拉、喜来登及扬州知名餐饮、服务企业、市旅游局、烹饪协会等合作培养服务型技术人员，探索推行"人才共育、基地共建、人员互聘、信息共享、协作服务和文化交融"的运行机制，逐步实现了以高质量就业为目标的人才培养，体现了"引企入校、引校进企、校企一体"的显著特点；江苏联合职业技术学院张家港分院则依托于江苏扬子江职教集团，与江苏新美星包装机械有限公司、江苏永钢集团等 13 家企业共建企业学院，根据学生年级设计课程，培养学生新时代职业技能。一是在课程与标准方面，在低、中、高三个年级，逐步提高要求，实现从基础到融通的高标准要求；二是在专业课程方面，引入企业优质课程，培养专才；三是在学生能力培养方面，实现了"专业基础能力 - 专业技术实现能力 - 岗位核心创新创业能力"的三级跃进。在学习过程中，该校创

新性地创设"学校＋产业"的多元化情境，真正实现了学习者能力与生产岗位需求的一体化对接。近年来，实现了"三高"的人才培养目标，即毕业生对口就业率高、深造率高、企业满意度高。

（五）学生的积极参与是职业院校课堂生态优化的根本所在

在教学的过程中，学生既是教学的对象又是主体，课堂教学中没有学生就不会有所谓的课堂教学。建构主义认为，学习不是知识由教师向学生的单向传递，而是学生主动建构自己知识体系的过程。学习者并非是被动的接收者，而是主动的建构者。学生在课堂中的主体作用越来越明显，这种在具体情境中的自主建构活动是无法由他人所替代的，这种"建构"，一方面指的是对新信息有意义地进行建构，另一方面指的是对原有经验进行改造或重组。这就告诉我们，在课堂生态系统中，学校应充分尊重学生的主体地位，学生自己也需要发挥作为主体的潜力，学会自我管理、自我教育，培养自我学习的能力与习惯。因此，在职业院校课堂生态建构过程中，要真正实现由"教师中心"向"学生中心"的转变，让"以生为本"的理念得到落地。江苏省扬州旅游商贸学校追求"适合的职业教育"，根据学生专业职业岗位需求定制方案，开展因材施教、导师制等多种模式，帮助困难学生实现学习技能的增量。该校还邀请行业企业专家共任学生导师，促进学生的全面发展。江苏联合职业技术学院张家港分院关注企业用工与学生发展的双向需求，重视学生的德育工作，擦亮"阳光德育"这一品牌，努力体现"做事先做人"。如在新美星的实训车间学习中，不仅要求学生掌握面向一线的工程技术，拥有解决实际问题的能力，也形塑他们的产品质量意识以及面向未来岗位的思想品德与职业素养——这才是职业院校课堂生态优化的根本所在。

五、案例启示

"课堂改变，学校就会改变"[1]。这一理念如今已经逐渐形成广泛的

---

[1] 佐藤学. 静悄悄的革命——课堂改变，学校就会改变［M］. 李季湄，译. 北京：教育科学出版社，2014：1.

共识，随之而来的聚焦课堂建设、重视课堂生态也已成为实践中的新常态——本案例研究中两所学校的优化课堂生态的历史和现实就是其中的典型，他们的努力给了我们以下三个方面的启示。

（一）职业院校课堂生态优化只有起点没有终点

从前面的案例可知，两所学校在对课堂生态优化的探索上可谓都是先行者。江苏省扬州旅游商贸学校在 2013 年就认识到，提高人才培养质量必须落实到提高课堂教学质量上来，在课堂抓育人，向课堂要质量。为此，学校将工作重心由规模扩张转向内涵建设，确立了以提高学生教育质量为目标、以优化课堂生态为导向，通过课堂生态优化促进师生发展、促进学校人才培养质量提高、促进学校发展的教学管理思路，围绕课堂生态优化，开展了课堂质量标准改革、课堂教学评比、课堂教学大赛等一系列活动。江苏联合职业技术学院张家港分院早在 2003 年就开始了校企合作优化课堂生态的探索。学校与江苏新美星包装机械有限公司合作，把学校数控车间改造成新美星实训车间，把当年的机电一体化技术专业四年级 45 名学生作为校企合作班学员，校企共同组成混编教学团队，理实一体、校企协同，着力优化课堂生态，着力提升课堂教学质量。时至今日，我们看到两所案例学校通过课堂生态优化，均取得了较为显著的成效——江苏省扬州旅游商贸学校师能次第提升、课堂质量升格、促进问题诊改、推进教研发力，江苏联合职业技术学院张家港分院助推学生全面发展、助力教师团队成长、促进区域经济发展。这样的局面无疑给人以鼓舞、欣慰之感。

尽管如此，我们也必须清醒地看到，职业院校课堂生态优化之路可谓道阻且长。这不仅是由于课堂生态的复杂、多元和艰难特点所致，还在于它是一个没有终点的旅程——无论是作为课堂生态关键因子的教师的专业发展，还是作为目的因子的受教学生的个人成长，亦或是课堂环境的全面优化，都是永远在路上的"长征"。

（二）职业院校课堂生态优化没有统一的模式

案例学校探索课堂生态优化的实践还揭示出，无论是方式亦或是过程，两所学校均呈现出不同的样态。江苏省扬州旅游商贸学校坚持立足校内，从课堂寻常所见的沉闷表象入手，开展了课堂生态优化的探索。

即抓住课堂生态诸要素中最关键的变量——学生，努力使课堂学习从"要我学"变为"我要学"。江苏联合职业技术学院张家港分院则聚焦校外，通过产教、校企协同的方式优化课堂生态，着力通过创设"学校＋产业"的多元化课堂学习情境，努力实现学习者兴趣、能力和水平的进一步提升。在具体的举措上，江苏省扬州旅游商贸学校通过师资能力提升、榜样示范、信息助力、制度保障等，使课堂生态优化的目标得以落地；江苏联合职业技术学院张家港分院则通过创新产教融合方式与方法，从校企"二元初探"到政企校外"四位一体"再到"三元二区"等，不断深化多主体协同育人。两校不同的起点和不同的过程方法，没有影响最终的成效，即均实实在在地促进了课堂生态的优化与人的发展成长。这样的结果告诉我们，职业院校课堂生态优化并没有一个统一的模式，更没有"放之四海而皆准"的标准。

（三）职业院校课堂生态优化具有一定的规律

尽管课堂生态优化没有终点，也没有统一模式，但两所案例学校的实践探索揭示出，其在趋近至善的过程中是存在一定客观规律的。概而言之，职业院校课堂生态优化是一项系统工程，其结果取决于系统内外诸因素的共同作用。就课堂生态系统内部而言，教师是关键、学生是核心、环境是支撑。为此，两所案例学校科学设计职业院校课堂生态优化举措，从教师队伍构成、培训工程开发、合作培育三个方面都做了有益的尝试和探索。其中，江苏省扬州旅游商贸学校实施推进三大培养工程（青蓝工程、领雁工程、鲲鹏工程），鼓励教师参加各级各类竞赛，搭建"培、研、赛、论"多元平台，全方面提升教师的科研能力；江苏联合职业技术学院张家港分院着眼于打造以名师引领、优质教学团队为核心、企业能工巧匠为补充的高素质师资队伍。与此同时，两校始终坚持"以生为本"理念，江苏省扬州旅游商贸学校追求"适合的职业教育"，根据学生专业职业岗位需求定制方案，开展因材施教、导师制等多种模式，帮助困难学生实现学习技能的增量。此外，该校还邀请行业企业专家共任学生导师，促进学生的全面发展。江苏联合职业技术学院张家港分院关注企业用工与学生发展的双向需求，重视学生的德育工作，擦亮"阳光德育"这一品牌，努力体现"做事先做人"，围绕"学生"这个核心开展实实在在的行动，着力塑造良好的软、硬环境，促进学生的全面发展。就课堂生态系统外部来说，科学的顶层设计、合理的制度安排等不可或缺。在顶层设计和制度安排上，明确定位职业院校课堂生态目标，课堂生态要实现其优化目标，需要课堂主体及其相关者对这一目标的内在认同——因为目标是行动的先导，没有人们发自内心的肯定和期许，则难有后续的有效的行动与举措。江苏省扬州旅游商贸学校确立了"坚持教学改革、优化课堂生态"的学校发展目标，探索实践"创生课堂"。江苏联合职业技术学院张家港分院则树立"成功就是成为最好的自己"的成才观和"德技双馨"的发展目标。两校均据此制定实施了一系列制度文件予以保障，并取得了阶段性成效。恰如鲁迅先生所言，"其实地上本没有路，走的人多了，也便成了路"——源于案例学校的初始探索和坚持，我们不难找到通往课堂生态优化的一条条"路"。

第六章　新时代职业院校
课堂生态优化目标

　　截至目前的研究为新时代职业院校课堂生态优化提供了基础理论和实践案例，本章及后续章节将在此基础上探讨新时代职业院校课堂生态优化目标、策略、路径和举措，以期为众多的职业院校优化课堂生态提供参照。

一、新时代的职业教育发展

　　党的十九大宣告中国特色社会主义进入了"新时代"，中国社会主要矛盾"由人们日益增长的物质文化需要同落后的社会生产之间的矛盾转化为人民日益增长的美好生活需要和不平衡不充分的发展之间的矛盾"。这一矛盾变化既给职业教育发展带来了挑战，也是一次难得的重大机遇。近年来，围绕着"办人民满意的职业教育"根本宗旨，全社会共同努力，职业教育取得了瞩目的发展成绩。

（一）建成了世界规模最大的现代职业教育体系

　　改革开放以来，我国的职业教育由弱到强、由小到大，目前共有职业学校 1.13 万所，在校生 3088 万人。其中，职业本科教育现有 32 所高校，在校生 12.93 万人，2021 年招生 4.14 万人。开设 1300 余个专业和 12 万多个专业点，基本覆盖了国民经济各领域，教育部印发《职业教育专业目录（2021 年)》，其中设置了 247 个高职本科专业。在现代制造业、战略性新兴产业和现代服务业等领域，一线新增从业人员 70% 以上来自职业院校毕业生，"东西职业院校协作全覆盖、东西中职招生协作兜底、职业院校全面参与东西劳务协作"三大行动累计投入帮扶资金设备超过 18 亿元，共建专业点 683 个、实训基地 338 个、分校（教学点）63 个，共同组建职教集团（联盟）99 个，就一个由中职、专科高职、本科高职、应用型高校以及专业学位研究生培养的学历职业教育和纵横交织的职业培训教育组成的世界规模最大职业教育体系已然建成。十三五期间，中职招生 600.37 万，占高中阶段教育的 41.70%；高职（专科）招生 483.61 万，占普通本专科的 52.90%。累计培养高等学历继续教育本专科毕业生 5452 万人，开展社区教育培训约 3.2 亿人次。❶ 深圳职业技术学院的毕业生中，超过 10% 的专科生进入华为、腾讯、比亚迪等知名企业就业，2020 届毕业生就业率达 96.97%。金华职业技术学院毕业生去向落实率保持在 97% 以上，10% 以上毕业生在国企央企、事业单位工作，近 20% 的毕业生成为医疗和教育战线的骨干力量。海南科技职业大学已为海南省各类航运企事业单位培训考核船员 300 多次，培训各级各类船员 3 万多人次，一定程度改变了本省航海技术专业人才培养和涉海人员技能培训长期依靠省外的局面。

（二）确立了体现自身特色的"类型教育"定位

2022 年 4 月 20 日，期盼已久的《中华人民共和国职业教育法》（修订）正式颁布，该法第三条明确"职业教育是与普通教育具有同等重要地位的教育类型"，第一次从法律层面确立了职业教育"类型教育"特征定位，从而也终结了职业教育发展过程中长期困扰我们的理念羁绊。

职业教育需要改革招生考试制度。现有的招生考试制度，无论是在考试内容要求上，还是在招生制度设计上，都不利于技术技能人才的培养和职业教育的发展。当前最为关键的是要在招生环节突破传统的中考、高考"一考定终身"的惯习，代之以体现职教特色的基于学生发展性向与兴趣需求的分类招生；在考核内容上，技术性高等学校的招生要体现职业教育的特点，重视职业能力性向测试和技术技能考核；在招生对象上，技术性高等院校要以招收中等职业学校的毕业生及其同等学历者为主，尤其要关注已经工作但又需"充电"的社会青年，甚至包括对高职感兴趣的中老年（他们中的绝大多数过去是没有机会接受高等教育的），切实改变目前招生对象的严重错位现象，❷ 让真正适合的青

---

❶ 张烁. 我国职业教育迈入高质量发展新阶段 [N]. 人民日报，2020 - 12 - 09.

❷ 李德方. 现阶段我国高等职业教育发展问题及对策——基于入学与就业的视角 [J]. 职教论坛，2010（34）：22.

年学生和社会人士进入职业院校，因为"适合的才是最好的"。可喜的是，这样的设想正逐步成为事实。据教育部统计数据，2020 年全国高职分类考试招生逾 300 万人，超过高职学校招生总数的 60%，缓解了"千军万马过独木桥"的高考焦虑，促进了教育结构优化。

职业教育在人才培养环节必须走产教融合、校企合作之路。通常认为，现代意义上的校企合作历史产生可追溯到 1903 年英国桑德兰特技术学院（Sundland Technical College）在工程船舶与建筑系中实施的"三明治"教育模式，也就是在两端学校学习阶段中间加上一段企业实践的实际工作经历。1906 年，美国辛辛那提大学（Cincinnati University）和几家企业合作培养了 27 名工程专业的学生。他们将学生分为两组，一组在工厂实习，另一组在校学习，经过一段时间后两组对调，这种人才培养模式极大地提高了人才培养质量，因而在全美得到关注和推崇。到了 1919 年，德国职业教育中开始形成"双元制"人才培养模式的雏形，其中一元是教育机构，另一元为企业单位，这种模式发展至今已经得到广泛认可。尽管英、美、德等国在人才培养过程中校企合作的方式不同，但通过"产教融合、校企合作"，旨在产业部门和教育部门之间、实际生产经营过程和教育教学活动过程之间建立密切联系，发挥学校和企业双方优势，把以课堂传授间接知识为主的教育环境与直接获取实际经验能力为主的生产环境有机结合起来，进而达到与培养高质量人才的目的相一致，事实证明也是有效的。"产教融合、校企合作"不仅对于我们培养技术技能型人才是必须的，而且对于培养工程型人才也是有益的，换言之，产教融合、校企合作是培养各类应用型人才的一种有效方式和必然路径。

职业教育需要加强"工匠精神"的培育。由于职业教育培养的人才毕业后往往直接面对顾客、面对产品、面对生产一线，因此"工匠精神"显得特别重要。简言之，需要培育学生的"三业"品质，即敬业、精业和乐业。敬业是对所从事职业的敬畏和热爱，也就是指责任心，这是做好一件工作的最为重要的基础和前提。精业就是工作上追求精益求精，对每道工序、每个零件和每件产品都凝神聚力、精雕细琢、追求极致，正如老子所说："天下大事，必作于细。"乐业即趣味，不仅乐意去做某件事，而且从中领略出趣味来。❶ 一如孔子所说："知之者不如好之者，好之者不如乐之者。"一旦所培养的人才具备了敬业、精业和乐业的精神，无论其从事什么职业和工作，都一定能做好，也一定是社会所欢迎的高质量的人才。❷

（三）走出了具有中国特色的高质量发展之路

在解决了规模发展、类型定位和体系构建的顶层设计后，2021 年10 月，中共中央办公厅、国务院办公厅印发了《关于推动现代职业教育高质量发展的意见》，明确提出"到2025 年，职业教育类型特色更加鲜明，现代职业教育体系基本建成，技能型社会建设全面推进。办学格局更加优化，办学条件大幅改善，职业本科教育招生规模不低于高等职业教育招生规模的 10%，职业教育吸引力和培养质量显著提高；到2035 年，职业教育整体水平进入世界前列，技能型社会基本建成。技术技能人才社会地位大幅提升，职业教育供给与经济社会发展需求高度匹配，在全面建设社会主义现代化国家中的作用显著增强"的发展目标。为此，强化职业教育人才培养的制度化和标准化建设以及人才培养的创新成为关键，目前已发布中职专业 368 个、高职（专科）专业 779个、本科层次职教试点专业 80 个，修（制）订并发布 347 个高职和230 个中职专业教学标准、51 个职业院校专业实训教学条件建设标准、136 个专业类顶岗实习标准。开展现代学徒制试点，布局了 558 个现代学徒制试点单位，覆盖 1000 多个专业点，惠及 10 万余位学生（学徒）。同时，遴选公布 232 门在线精品开放课程，建设 203 个职业教育国家专业教学资源库，遴选约 4000 种"十三五"职业教育国家规划教材。

此外，产教融合、校企合作不断得以深化，目前已培育 800 多家产教融合型企业、试点建设 21 个产教融合型城市，构建了以城市为节点、行业为支点、企业为重点的产教融合新模式。成立 1500 个职业教育集团，3 万多家企业参与职业教育，确定 150 家示范性职业教育集团（联盟）培育单位，组建 56 个行业职业教育教学指导委员会，发布近 60 个

---

❶ 梁启超．敬业与乐业 [EB/OL]. https：//baike. baidu. com/item/敬业与乐业/7304227? fr = aladdin.

❷ 李德方．破解无奈选择的"三个关键点" [J]. 江苏教育（职业教育版），2018 (5)：14.

行业人才需求预测与专业设置指导报告。在向世界开放上，与 70 多个国家和国际组织建立了稳定联系，有 400 余所高职院校与国外办学机构开展合作办学。❶

二、新时代职业教育发展对课堂生态的影响

（一）职业教育新定位为课堂生态提出了新标准

职业教育是教育大家庭中的一种类型——新时代的这一新定位揭示了职业教育的课堂生态要有与之相适宜的新标准。这一标准首先体现在课堂生态的主体和环境要求上。

第一，关注课堂主体的教师。2018 年 2 月教育部等五部门发布关于印发《教师教育振兴行动计划（2018—2022 年）》的通知（教师〔2018〕2 号）明确提出要"为中等职业学校（含技工学校，下同）大幅增加培养具有精湛实践技能的'双师型'专业课教师"。2019 年 8 月，教育部、国家发展改革委、财政部和人力资源社会保障部四部门关于印发《深化新时代职业教育"双师型"教师队伍建设改革实施方案》的通知进一步明确职业教育师资队伍建设的总体目标要求，即落实立德树人根本任务，加强师德师风建设，突出"双师型"教师个体成长和"双师型"教学团队建设相结合，提高教师教育教学能力和专业实践能力，优化专兼职教师队伍结构，大力提升职业院校"双师型"教师队伍建设水平。这两份国家文件揭示了职业教育专业教师的独特性——具备"双师"特质，简言之，就是要求职业院校的教师既要掌握扎实的专业理论知识，又要具备熟练的实践操作技能。

第二，关注课堂主体的学生。这一新标准要求我们一方面需要改革招生考试，让适合的人接受职业教育，因为"适合的才是最好的"❷。研究和实践表明，在客观世界中存在着两类不同形态的知识，即理论知识（学问）与实践知识。理论知识（学问）是关于"知道为什么"的知识，它的功能是发展学生理解世界的能力；实践知识是关于"知道如何做"的知识，它的功能是发展学生的实践能力。斯腾伯格提醒说：请

❶ 张烁. 我国职业教育迈入高质量发展新阶段［N］. 人民日报，2020－12－09.
❷ 李德方. 做一个胜任的校长——高职院校校长胜任力研究［M］. 北京：知识产权出版社，2015：65.

牢记学业上的智力与实践性智力的重要区别，不管从何种角度来看，现实世界的工作和任务，与学业上的任务相比都不尽相同。❶ 因此，不难看出，学业能力不仅不是实践能力形成的基础，也不是继续学习实践能力的基础，更不能用其包揽一切、区分一切。现有的招生考试制度，无论是在考试内容要求上，还是在招生制度设计上，都不利于技术技能人才的培养和职业教育的发展。从考试内容来看，无论是中考还是高考，实际上重点考察的是学生们的智力，或者更为准确的说法应该是主要考察学生们的语言和数理逻辑思维能力水平。前者通过"语文"和"外语"课程的测试反映出来，后者通过"数学""物理""化学"等科目成绩体现。❷ 另一方面需要思考的是不同的入学者适合什么样的专业。目前我国中高等职业教育 19 个专业大类中共有一千多个专业，其中高职专业 747 个、中职专业 321 个。这些专业不仅指向国民经济一产、二产和三产中的职业岗位不同，而且专业学习内容、学习方法和学习条件等也有所不同，有的甚至大相径庭。如培养"二产"人才的机械制造专业和培养"三产"的果蔬花卉生产技术专业，前者在培养过程中需要和工厂企业合作，后者则是要到田间地头，和农户合作、向农民请教，因此对学习者的禀赋要求、学习过程以及将来的职业岗位、工作内容和发展预期等也各不相同。❸

第三，关注课堂环境，包括自然环境和社会环境。前者是指客观存在的各种自然因素的总和；后者是通过有意识的社会劳动创造的物质生产体系、积累的精神文化体系，也称之为文化 – 社会环境。对于自然环境，最为重要的是需要根据职业教育的规律配齐配足教学设施设备。中共中央办公厅、国务院办公厅在 2021 年 10 月印发的《关于推动现代职业教育高质量发展的意见》明确要"实施中等职业学校办学条件达标工程，采取合并、合作、托管、集团办学等措施，建设一批优秀中等职业学校和优质专业，注重为高等职业教育输送具有扎实技术技能基础和

---

❶ 斯腾伯格 R J. 成功智力 [M]. 吴国宏，钱文，译. 上海：华东师范大学出版社，1999：225 – 226. 转引自徐国庆. 领域特殊性理论与职业教育课程中的基础观 [J]. 职业技术教育，2002（16）：40.

❷ 李德方. 破解无奈选择的"三个关键点" [J]. 江苏教育（职业教育），2018（5）：13.

❸ 李德方. 培养享受工作的人：怀特海的技术教育目标及启示 [J]. 职教发展研究，2021（1）：4.

合格文化基础的生源"，为此需要"健全政府投入为主、多渠道筹集职业教育经费的体制。优化支出结构，新增教育经费向职业教育倾斜"，以使职业教育办学所需的经费得到保障。在面对社会环境的影响方面，一方面要看到现代社会发展给我们的学习和生活带来了很大的便利，另一方面要清楚随之而来的不良习俗不在少数，因此需要明辨是非、抵制诱惑、提升抗干扰能力。

（二）职业教育新地位为课堂生态提出了新要求

新修订的《中华人民共和国职业教育法》第一次从法律层面明确指出"职业教育是与普通教育具有同等重要地位的教育类型，是国民教育体系和人力资源开发的重要组成部分，是培养多样化人才、传承技术技能、促进就业创业的重要途径"。职业教育这一新的历史地位揭示了我们不仅要坚定不移地继续举办职业教育，而且要千方百计努力办好职业教育，使之成为国民教育体系不可或缺的一员，人力资源开发无法替代的一部分，个个成才、人人出彩的好平台。要办好职业教育关键在课堂——因为无论多么美好的顶层设计、多么先进的课程理念，如果教师不能将其落实到课堂上，均不会发挥作用、起到实效。在某种程度上而言，课堂改变学生就会改变、教师也会改变，相应地学校也会改变。这对职业教育的课堂生态也提出了新的要求。这一要求简言之就是要适合学生——适合学生学习、适合学生成长。

1. 适合学生学习

与普通教育相比，"职业教育直接面向工作世界，以技术逻辑为起点构建自身的体系。适应工作岗位的需求，遵循技能递增规律"❶。现代生产与服务需要高素质技术技能人才，这类人才需要具备扎实的技术原理知识，具有熟练的操控技能。能否完成国民经济发展方式的转变、产业结构的调整在很大程度上取决于职业教育能否培养出符合要求的技术技能型人才。课程设置是影响技术技能型人才培养的一个关键因素。课程设置需要经过科学系统地开发，在满足"适合性"上下功夫，课程资源的开发应保持贴合度，充分体现课程改革的新思想和新理念，以需求为导向，合理开发"适合的"课程资源。结合生源的特殊性，关

---

❶ 姜大源. 现代职业教育体系构建的理性追问 [J]. 教育研究，2011（11）：70-75.

注学生差异性，开发出适合学生多样化发展的校内外课程资源。同时需要改革教学方式，使之适合学生学习。作为一种类型的职业教育本质上是一种跨界教育，因此在产教协同培养的同时需要实施以工作过程为导向的教育教学。为此，需要全面开展项目教学、情境教学、模块化教学，推动现代信息技术与教育教学深度融合，提高课堂教学质量。

2. 适合学生成长

职业教育应回归学生的发展需求，不仅要满足他们获得知识和提升技能的需求，培养学生在具体技术领域所应具备的专业能力以及解决技术问题的技术应用能力，而且应更好地遵循职业教育育人规律，满足新时代社会经济转型对高素质技术技能型人才的需求，更要保证学生未来的可持续发展。[1]——因为教育的终极目的是"为了激发和引导学生的自我发展之路"，换言之，是将受教育者培养成"他自己"，职业教育当然也不例外，其培养目标让适合职业教育的人来接受这种教育，并且通过这种教育将其培养成在工作岗位和日常生活中幸福完满的人。不然的话，不仅受教育者自身得不到"自由而全面的发展"，而且整个国家和社会利益整体受损。这就要求新时代的职业教育需注重学生精神层面的培养和熏陶。黄炎培先生曾有过精到的论述，他指出职业教育如果"仅仅教学生职业，而于精神的陶冶全不注意"，就会从一种很好的教育沦落为一种低级的器械教育。如此一来，一些学生便没有自动的习惯和共同生活的修养，这种教育最好的结果不过是造就一种改良的"艺徒"，而不是"良善"的公民。[2] 这样的要求反映在课堂建设上，就是要着力构建健康良好的课堂生态。

三、新时代职业院校课堂生态优化目标

新时代的职业教育对课堂生态提出了新的标准和要求。观照现实中的职业教育课堂，无论是作为生态主体的师生及其相关者，还是师生和环境的联系等，都还存在着诸多问题。特别是在高质量发展的当下，这

---

[1] 尹伟民. 适合的职业教育发展模式研究［M］. 南京：江苏凤凰教育出版社，2020：106.

[2] 陈鹏，庞学光. 培养完满的职业人——关于现代职业教育的理论构思［J］. 教育研究，2013（1）：103.

些问题迫切需要得到妥善解决，而优化目标的确立是其中的关键。

（一）目标确立的方法

目标是指要达到的境地或标准。从范畴和时限而言，目标有大有小、有远有近；从目标的主体来分，存在个体目标、团队目标和组织目标等。可谓种类繁多、形式不一。教育领域的目标也不例外，有教师个人专业发展目标、学期科研目标以及任教具体课程要达到的教学目标，也有国家层面的教育发展目标、区域五年规划目标以及学校层面的年度工作目标等。通常情况下，目标确立的方法有自上而下和自下而上两种方式路径。前者如《国家中长期教育改革和发展规划纲要（2010—2020）》，它是由教育部统筹制定并发布，规定了各级各类教育十年发展需要达到的标准，依此标准各省市教育行政部门和学校再制定与之相配套的分类目标并施行；后者如《江苏理工学院"十四五"发展规划》的制定，它是在各学院和各部门制定的规划目标基础上汇总凝练进而形成学校未来五年所要达到的标准。两种方式方法各有利弊，难说良莠，更没有放之四海而皆准的统一标准。事实上在目标制定过程中自上而下和自下而上两种方式常常是相互交织的。或者更为准确地说，制定目标采用何种方式或者以何种方式为主，是要根据具体的目标主体、实施状况、目标环境等综合考量的。对于职业院校课堂生态的优化目标而言，最好的方式莫过于走到真实自然的职业院校课堂中，在此基础上形成"扎根理论"。鉴于此，本研究采用了课堂志研究方法，如前章所述，在课堂观察的同时，分别访谈了样本学校的领导、老师和学生——倾听课堂中的主体及其相关者的想法和心声。访谈时抛给他们的问题都是一样的："理想中的课堂生态目标是什么？"

（二）结果分析

1. 来自教师们的回答

赵老师❶：从我的想法来说，只要能学到东西就是课堂。理想的课堂生态应该是老师教得轻松，学生学得轻松。

钱老师：我觉得生态教学应该是涉及学生要有一个在自然界或者野

---

❶ 教师姓氏均采用代称。

外自然生长的状态，但是在我们的课堂上显然是没有的。因为多是固定模式、固定内容，学生在上课中不能按需所取，得到的是教师填鸭式讲授的内容，他并不能真正地做到需要什么就能得到什么。我觉得真正的生态课堂应该是在生长中需要什么就能获取什么。显然，我们的课堂不能满足学生这样的需求，我是这么理解的。就像孔子说要因材施教，我觉得教育应该是他们需要什么，我们就能够给他们什么，是以学生为本。

孙老师：我认为应该以学生为主体，他们需要什么，在课堂中就能获得什么，这就属于绿色生态了。现在的教学还像一个流水线种植，都是老师教，如加一点儿钾肥之类的，而学生需要的并不一定是钾肥，可能需要其他的肥料。所以现在学生不愿意主动学习，因为你给他的不是他想要的。

李老师：我觉得从生态学的角度出发，肯定是希望学生更好，那应该是老师配合学生，而不是学生来配合老师。

周老师：我觉得生态课堂是师生之间一种比较宽松、自然的状态，然后老师引导学生，比如老师布置一个课题，提供一些资料，学生自己想办法完成。

吴老师：我觉得没有绝对的理想，但有不断的追求。首先是客观条件，如老师的自我要求、学生提出的相对目标，包括硬件环境的具备，一句话，巧妇难为无米之炊，这是客观的存在。其次是有机的组合，就是说发挥各自的长处，找到一个契合点，然后效益最大化。再次是要有全方位的检测、评价体系，不仅是教学，教学中也隐含着教育。像我上数学课，我比较喜欢讲数学史，比较喜欢讲学这个是做什么用的。既然创造了一个全方位检测评价体系，那么目标是什么？目标有没有实现，怎么实现的？最后，检测完以后，如何进行调整，方案是什么？我觉得这样做是一个正常的、符合青少年身心健康和认知规律的、可持续发展的好方法。

由上可知，几位老师从不同的视角提出了职业院校理想中的课堂生态目标及追求。综合这些观点不难发现，尽管他们的话语表述风格不同、观点不一、内容有别，但其核心思想是比较接近的，概言之，理想课堂生态的价值导向是"希望学生更好"，为此"一开始得有目标"，通俗而言就是"能学到东西"，为了实现这个目标，需要"以学生为本"，要体现"学生主体""不是教师要教什么，而是学生需要什么，教师就教什么""是老师配合学生，而不是学生来配合老师"，并且努力做到在"宽松、自然"的环境里"老师教得轻松、学生学得轻松"。这样的目标定位和实现其过程中的软硬件条件、师生关系以及环境是自成系统的。

无独有偶，老师们的回答和分管教学领导的答案居然不约而同。以下是对分管教学领导的访谈实录：

其实课堂涉及的因素很多，对于职业教育来讲，有三个要素：第一个要素是教师，第二个要素是学生，第三个要素是教学设备。这三个要素促成我们上好每堂课，达成我们预期效果里的关键目标。教师通过教学设备、理念、教学方法、教育设计，要能够在教学环境中、在学生中体现出来。而学生在这种教学环境中，首先要能够在自己内心中主动去接受环境、接受教师给予他的东西，以后能够进行转化并且呈现出来。那么，教师与学生之间实际上是教师用学生来体现他的一些成果、成效，学生通过教师有所收获，再表现出来。教师与学生的理想状态是教师的付出和输出与学生的接受完全能够达到我们预期的效果，一种预期的设计效果。预期的设计效果是什么？就是教师把内容输出以后，学生通过学习和领会而内化成为自己的一些知识与技能，这是理想的一个状态。还有一个理想的状态是教师通过环境来实现输出，这个环境就是我们的教学环境、教学情景或者教学设备等。当一个教师要去设计一堂课的时候，需要什么样的教学环境或教学设备，理想状态就是都有配备，然后按照设计去进行这一堂课的教学，完成以后，学生能够接受所有的内容。

2. 来自同学们的心声

XS01：安静，没有人吵闹，都认真听讲。

XS02：课堂首先要是安静的，不吵闹，没有人随意讲话。老师的教学有条不紊。对于不会的问题，会有同学当堂提出，对于不懂的词汇，老师会给我们扩充。课堂上大家都积极一点儿，会让教学更有序地进行。

XS03：老师让你学什么，你就学。理想的课堂是师生关系融洽，上课时一起愉快地讨论问题。

XS04：心目中的理想课堂是师生之间可以一唱一和，经常互动，学生能接受老师教的内容，也可以向老师提问。现实和理想的差距主要体现在有些课程内容太难了，我们很难弄懂。缩短这些差距只能通过自己不断学习，及时向老师请教。

XS05：理想的课堂在我心中应该是同学们提出问题，老师会给讲解，讲解知识点。如果遇到问题，老师会给同学们留有一定的时间，让我们相互讨论，得出答案之后，老师再选几位同学上来说一说答案、看法等，最后老师再汇总。我觉得这样的互动时间可以多一点儿，我比较向往这种课堂。

XS06：我理想中的课堂是线上课堂和线下课堂相结合，用一些虚拟产品来网上讲课，这样的话更方便，但会有一定的缺点，比如有同学上课不听讲，或者网速有问题等。如果除去这些问题，我觉得线上讲课是不错的……现实中一般是以老师讲为主，以我们学习为辅；从理想的角度来看，是以学生自学为主，以老师讲为辅。主要是师生关系的转化，这个转化对学生自身的学习其实是有帮助的，能更快提升学生的自学能力，更快知道自己的需求。现实是老师一味地输出知识，我们没有目标地去学习，效果不太好。

XS07：老师在上面讲内容的时候不是按照课本来读的，要加一些老师的经验，这样我们在下面听得会更认真，不然会听得无聊。

XS08：就是同学和老师之间有很多交流，老师上课的内容比较丰富，比如课堂上有一些难题，老师可以换一种方式讲解。就拿语文来说，有一些很难理解的诗词古文，老师可以讲一些诗人的生活背景知识，诗人为什么会写这样的诗词，就给了我们一个不同的学习角度，从而更好理解或加深理解。理想的课堂还要有师生相互交流，所有的同学都能积极参与进去，非常活跃。

对于理想的课堂生态，单独受访的八位同学的观点较为一致。具体而言，同学们分别从主体行为、相互关系和课堂环境秩序等几个维度谈了各自的想法、表达了各自的心声。作为课堂主体之一的教师，教学要"有条不紊""在上面讲内容的时候不是按照课本来读的，要加一些老师的经验"，遇到难题，"可以换一种方式讲解"；对于学生而言，要

"能积极参与进去"，同时要"认真听讲"。在师生关系上，要"融洽，上课一起愉快地讨论问题"，可以"以学生自学为主，以老师讲为辅""同学和老师之间有很多交流""一唱一和""经常互动"。在课堂环境秩序上要保持安静，"没有人随意讲话"。还有一位同学提出了要将"线上课堂和线下课堂相结合"——当然是要在解决网速的基础上，因为"线上讲课是不错的"。同学们最为关注也最为一致的观点是他们非常在意师生之间的互动交流，究其原因，一方面在于师生交流是课堂主要的活动方式，另一方面可能在于作为课堂主体的教师和学生，是良好的课堂生态得以形成的最为重要的因素。

当然，尽管接受访谈的老师和同学们从各自的视角提出了对于理想课堂生态的看法和见解，其中不乏真知灼见，涉及面也较为宽广。由于是现场半结构化访谈，事先又没有将访谈提纲提供给受访者，加上访谈者特别是学生们受到教育理论水平、生活阅历和实践经验的掣肘，可能对于职业教育课堂生态的独特性、社会经济发展对课堂生态产生的可能影响以及适应新时代的职业教育课堂生态的理想追求等问题未曾涉及，但这并不妨碍上述访谈已有的答案和成果成为建构职业院校课堂生态理想目标的重要基础。

（三）职业院校课堂生态目标的"理想类型"

理想类型是一种分析概念或逻辑工具，具有方法论意蕴，是由德国社会学家马克斯·韦伯提出并率先使用的一种研究方法，它是高度抽象出来的、反映事物本质特征的分类概念。换言之，理想类型概念既源于经验世界，又不同于经验事实，是在对繁杂众多的经验进行整理归纳后，找到其中具有共性的或规律性的东西，使之成为典型的形式。从这个角度而言，理想类型在现实中并不存在，它只是各种经验事物的典型概括。

理想类型方法的上述特点提示我们，要妥善确立新时代职业院校课堂生态的目标，既需要基于职业院校课堂生态的实际，又要超越既有的事实，找到其中共性的或规律性的东西——理想中的职业院校课堂生态。

众所周知，职业教育是教育的一种类型。2022年4月20日颁布的《中华人民共和国职业教育法》（修订）第三条明确"职业教育是与普通教育具有同等重要地位的教育类型，是国民教育体系和人力资源开发的重要组成部分，是培养多样人才、传承技术技能、促进就业创业的重要途径"。作为一种类型教育的学校课堂，其主体构成、学习目标、学习内容、学习方式和环境要求等共同决定其生态特征。

职业院校课堂主体与普通学校课堂无异，包括教师与学生。但职业院校的教师的素质能力要求是比较特殊的，简言之，职业教育需要"双师"型教师——既懂专业理论、又会实践技能，这就内在地要求把好入口关和过程关。作为前者，《国家职业教育改革实施方案》明确，"从2019年起，职业院校、应用型本科高校相关专业教师原则上从具有3年以上企业工作经历并具有高职以上学历的人员中公开招聘，特殊高技能人才（含具有高级工以上职业资格人员）可适当放宽学历要求，2020年起基本不再从应届毕业生中招聘"。作为后者，方案明确"职业院校、应用型本科高校教师每年至少1个月在企业或实训基地实践，落实教师5年一周期的全员轮训制度"。

之所以对职业院校的教师提出"双师"素质要求，根本上是由职业教育的培养目标决定的。概言之，职业教育的职责使命是培养一大批高素质技术技能人才。通俗地讲，这样的人才既能"动脑"也能"动手"。这个目标决定了职业院校课堂的学习内容和学习方式。即既要学习特定专业的基础理论知识，也要练习这一专业岗位的实践操作技能。为了使学习更有效，适宜的教学模式是行动导向教学，教学的顺序是按照"完整的行动模式"——接受任务、有产出的独立工作、展示成果、总结等顺序进行。具体采用项目教学、案例教学、问题导向教学等，重视发挥学生自主学习积极性。理论和实践均表明，这样的方式不仅有利于教学目标的达成，而且符合学习者的身份特点、认知发展和身心健康——因为职业院校的学生，除了常规的中考和高考升学人员，还有部分社会人员，包括退役军人、企业在岗职工、农民工、农民和职业经理人、村两委班子成员、城乡社区医生及基层干部、乡村幼儿教师、建筑工人、基层农技人员等。即使是通过中、高考入学的学生，在现有的录取政策下，大多也是考试竞争中的"失意者"——考试成绩通常是居于落后状态的学生。无论是前者还是后者，基于经验、基于实践、基于行动的学习都是受到欢迎的，也是他们适应认可的学习方式，当然也是学习效果最好的方式，所以就有了学生们接受访谈时提出的在教学过程中当同学们遇到困难时希望老师"可以换一种方式讲解"、师生能够"一起愉快地讨论问题""要加一些老师的经验"等要求了。

结合以上的调查结果和简要分析，新时代职业院校课堂生态目标的"理想类型"或许可以确定为：打造"学做共创空间"，其具有以下意蕴。

学做共创空间是当代职业院校课堂的实践形态。"学做"反映了课堂中的主体行为——不仅需要如普通课堂一样的"学"，而且需要有体现职业特征的"做"。可以先学后做、边学边做，也可以先做后学、边做边学，学做一体、知行合一。某种程度上而言，学和做的有机统一是职业教育课堂区别于其他类型教育课堂的重要特征。因为职业教育"是一种利用知识进行物质产品生产的技能方面的训练""这种训练强调手工技能、手和眼协调能力以及在控制生产过程中的判断力"❶，主要承担着培养从事"物质产品生产"人才的职能。也就是说，职业院校学生需要学习和掌握的是工作过程知识（work process knowledge），这种知识是工作过程直接需要的（区别于理论知识），是在工作过程中自我获得的知识，它是在成功确立工作目标、制订计划、实施计划及评价工作成果的工作情境中积累的。❷ 这样的知识（含实践知识）唯有通过"学"和"做"的有机结合才能理解并掌握。需要强调的是，这里的"学做"不是学生个体孤立进行的，而是师生群体围绕着特定的学习目标和"完满发展"的价值追求，在课堂这一或实体或虚拟的"空间"内，❸ 师生、生生携手共同创造的。

学做共创空间是彰显学生主体性的有效方式。如前所述，职业院校的学习者具有独特性，作为学生主体的特点之一是少了一些自信和自觉。所谓自信，简单而言就是自己相信自己，是反映个人内在心理特征的一个术语，外显为个人有信念、有正确的自我认知、敢于挑战等。根

---

❶ 怀特海. 教育的目的 ［M］. 庄莲平，王立中，译. 上海：文汇出版社，2012：66.

❷ Fischer M. Vonder Arbeitserfahrung zum Arbeitsprozesswissens, Opladen, Leske + Budrich, 2000：121. 转引自赵志群. 职业教育学习新概念 ［M］. 2 版. 北京：北京师范大学出版社，2021：23.

❸ 所谓虚拟，主要指线上教学时发生的课堂。

据某高职校 860 名学生的问卷调查，针对题项"您是否认为自己是高考失败者"，有 40.7% 的学生回答是肯定的；就"您是否满意自己目前的学业状态"的调查，有 43.2% 的学生回答不满意；就"您是否会主动跟人提及自己的高职学生身份"的调查，有 63.1% 的学生回答不会，有 53.5% 的学生认为高职生身份"尴尬"；就"您是否经常感到焦虑"的调查，有 38.8% 的学生回答是肯定的。[1] 可见学生们的自我认同感不高。自觉是指自己有所认识而觉悟，简而言之是对自己的自我认知和行为倾向——是主动还是被动、是积极还是消极。自觉和自信是紧密关联的、互有所成的，往往因少了自信而表现为不够自觉；反之亦然。这样的情况在接受职业教育的升学者身上表现得尤为明显，加上我们长久以来实施的基于入学考试成绩进行分流的做法以及对职业教育整体认识的谬误，"这种谬误采取的形式则是对技术训练持平庸的观点"[2]，所以出现的一个重要的现象和问题是学生们接受职业教育往往是无奈的，学习职业知识是被动的。因此，职业教育的高质量发展首当其冲是要彰显学生主体性，激发学生潜能，形塑学生自我——打造"学做共创空间"不失为一个良好的方式——因为"学做共创空间"首先是基于一个共同的目标愿景形构而成的，这个愿景就是"促进学习者完满发展"；其次"学做共创空间"是基于团队成员协同活动的，这有助于形成合力，达到"1 + 1 > 2"的效果，特别是在这样的环境中，有利于学习者之间互通有无、取长补短、激发潜能；最后，"学做共创空间"在注重团体合作的同时突出强调学生自主学习、主动作为、积极进取，并且通过制度化的"接受任务"、过程中要求"有产出的独立工作"、最后各自"展示成果"等机制保障来促进学生的自我发展。

学做共创空间是促进学生全面发展的重要平台。职业教育的人才培养，就是要从过往的主要关注培养人才的知识结构和能力水平等外显要素，转变为让适合职业教育的人来接受这种教育并且通过这种教育将其培养成在工作岗位和日常生活中幸福完满的人。否则就会陷入怀特海所言称的境况："一个疲于奔命、厌倦无奈的工人，无论他多么地手巧，

———————————

❶ 徐叶，朱凤荣. 高职院校学生自我认同危机及应对策略 [J]. 扬州教育学院学报，2018（9）：73.

❷ 怀特海. 教育与科学理性的功能 [M]. 黄铭，译. 郑州：大象出版社，2010：57.

能生产出大量一流的产品吗？他会限定自己的产量，马马虎虎地对待工作，老练地逃避监管；他抗拒适应新方法，最终他会成为不满的焦点，脑子里充满了不切实际的革命念头，对现实工作的职业环境缺乏体谅理解。"❶ 要避免这种境况的发生，除了要构建与之相适应的课程体系，构建有利于全面发展的人才培养环境显得不可或缺——"学做共创空间"正是这样的一种环境。这个环境奉行的是基于"关心哲学"的职业教育人才培养理念，主张"关注共同的人生和责任"，学生们需要在"自己关心的各个领域内学习、讨论、探索"，"教师们与所有孩子一起工作，在共同关心的领域内进行统一教学"，同时"对各种关心领域的重视和能力的开发必须要考虑由于种族、性别、民族和宗教而导致的各种差异，由此产生的各种见解和主张也必须得到及时的尊重和富有建设性的处理"，不仅要"尊重孩子们所显示的各种才能以及他们后来所从事的各种职业，我们还要深切地关心他们"。❷ 在这个环境中除了专业课程，还十分重视伦理、美学和艺术等课程的学习，以培养学生们具备全面发展的潜质和基础，诚如黄炎培先生所说，职业教育如果"仅仅教学生职业，而于精神的陶冶全不注意"，就会从一种很好的教育沦落为一种低级的器械教育。如此一来，一些学生便没有自动的习惯和共同生活的修养，这种教育最好的结果不过是造就一种改良的"艺徒"，而不是"良善"的公民。❸ 伦理课主要承担个体职业意识、职业道德和职业精神的培养，诸如诚实守信、热爱工作、良好的团队精神等，❹ 这也是社会主义核心价值观对公民的要求。美学课程主要培养个体良好的审美意识、高尚的审美情操、一定的审美能力以及塑造美的基本技能等，具备一定的美育能力是当代青年的基本素质要求。德国理论物理学家韦尔（H. Weyl）曾直言，"我们的工作总是力图把真和美统一起来，但当我

---

❶ 怀特海. 教育的目的［M］. 庄莲平，王立中，译注. 上海：文汇出版社，2012：59.

❷ 内尔·诺丁斯. 学会关心：教育的另一种模式［M］. 2版. 于天龙，译. 北京：教育科学出版社，2011：75.

❸ 陈鹏，庞学光. 培养完满的职业人——关于现代职业教育的理论构思［J］. 教育研究，2013（1）：103.

❹ 陈鹏，庞学光. 培养完满的职业人——关于现代职业教育的理论构思［J］. 教育研究，2013（1）：104.

们必须在两者中选择一个时，我总是选择美"❶。艺术课程在职业教育中同样十分重要，用英国教育哲学家怀特海的话来说，"文学和艺术在一个健康而组织有序的国家中，应该起着十分重要的作用。它们对经济生产带来的贡献，仅次于睡眠和吃饭"，特别是"艺术之于人类社会——就像阳光之于自然界"❷。在具体实施时可以依据不同层次职业教育学生的实际情况，分别选择开设音乐欣赏、美术欣赏、器乐演奏和舞蹈训练等课程，旨在培养学生们的艺术素养、艺术技能和艺术创造能力。

---

❶ 陈鹏，庞学光. 培养完满的职业人——关于现代职业教育的理论构思［J］. 教育研究，2013（1）：103.

❷ 怀特海. 教育的目的［M］. 庄莲平，王立中，译注. 上海：文汇出版社，2012：78.

第七章　新时代职业院校课堂生态优化策略、路径与举措

"学做共创空间"的课堂生态目标为新时代职业院校课堂建设指出了方向，早日实现这一目标则需要有合理的策略、正确的路径和科学的方法。

一、新时代职业院校课堂生态优化策略

策略指计策、谋略，是根据形势而确定的有利于事物正向发展的原则方法。策略既是实现宏观战略的具体安排，同时也是微观层面的举措、路径和方法的遵循指向。新时代要实现职业院校课堂生态的整体转型，需要以下三个方面策略。

（一）认同策略

具体指目标认同，它是职业院校课堂生态优化的第一策略或首要策略。之所以这么说，其原因在于课堂生态本身是一种价值存在，是人们从生态视角认识教育的价值投射。价值属于关系范畴，既是客观的也是主观的。作为客观的价值，表现为客体满足主体需要的程度，是真实存在的并以某种形式显现的实在，绝大多数情况下，其可以通过一定的约定程序实现计量；作为主观的价值，则是主体依据自己的经验判断的结果，是人们对事物的认识体现。在课堂生态中，这种认识强调以整体观、发展观、生态观看待课堂，以区别于过去局部的、静态的和机械的哲学观。作为整体观的课堂，不是指静态的教室物理空间，也不是指单一的教育教学活动，而是将学生视为整全的个体，将促进学生的完满发展作为一个系统工程；作为发展观的课堂，着眼于课堂中学习者的知识、技能、素养等提升；作为生态观的课堂，旨在突出课堂中的学生反应及其变化，关注课堂中事件的发生发展，关注学习的真实发生和学生

的真正发展。

作为价值的课堂生态要实现其优化目标，需要课堂主体及其相关者对这一目标的内在认同——因为理念是行动的先导，没有人们发自内心的肯定和期许，则难有后续的有效的行动与举措。这就要求课堂主体及其相关者从目标的起意、目标的认证、目标的确立等诸多环节共同参与与谋划，广泛地征求多方意见，集思广益，以便在取得共识的基础上形成课堂生态优化目标并且采取有效的践行举措。

（二）协同策略

课堂生态是以促进学习者完满发展为追求的主体行动及其与环境之间的联系状态。正确的行动既取决于正确的理念先导，也需要彼此间的协同一致。具体来说，协同策略既包括课堂主体之间的协同，也包括课堂主体与环境之间的协调。

就前者而言，充分调动和激发学生们的主动性和积极性显得至关重要。因为学生既是课堂生态优化的目的所在，也是课堂生态优化的重要主体。特别是对于职业院校的学生，这一点显得尤其突出——本书第三章的研究结果也证明了此点。众所周知，职业院校的学生具有独特性。一方面，在入学前的学习经历中，由于学习方法、学习习惯等的影响，他们的学习成绩总体而言不甚理想，这样的结果使得他们在小学和初高中阶段常常不受待见，久而久之使他们显得有些自卑，情感上比较敏感，少数甚至比较脆弱；另一方面，他们正值青春年少的美好时段，性格上热情奔放，对世界充满激情和好奇。在思维倾向上，表现为形象思维能力较强而抽象思维相对薄弱。职业院校学生们的上述特征既是课堂生态优化目标确立的重要参考，也是实现目标过程中的实践依归。换言之，没有学生群体的积极参与与主动建构，不仅"学做共创空间"的课堂生态目标建构难以达成，甚至连常规课堂的秩序维持可能都有些困难。

对后者来说，随着对环境认识的不断深入，人们对环境在育人中作用的重视与日俱增。简单而言，环境是指周围的地方，也指所处的情况和条件，包括自然环境和社会环境。自然环境是指客观存在的各种自然因素的总和；社会环境则是通过有意识的社会劳动创造的物质生产体系、积累的精神文化体系，也称之为文化－社会环境。在中国社会经济持续向好的过程中，政府和社会对教育的投入也不断增加，办学所需的物质条件资源今非昔比，总体上已经基本满足了课堂教学、课外活动需求。与此同时，现代社会给学生学习带来便利的同时，也带来了越来越多的干扰与困惑。以信息化为例，本是为课堂教学提供支撑的有力武器和重要工具，但网上丰富多彩的资源有时成了干扰学生学习的外在因素。特别是智能手机的普及，人手一个信息终端平台，导致了上课"低头族"的比例上升，以至于学校和老师不得不在上课前宣布禁用，或者在教室前设置专门制作的手机袋，用以存放学生们的手机，使其上课不受其扰。由此可见，强化主体与环境的协调显得尤其必要，特别是在信息化普及的今天显得十分重要。

（三）"他者"策略

课堂生态是生态学视角下的课堂认识，而科学意义上的生态指征是"有机体与周围环境之间的关系"，以至于有学者直白地说生态学本质上"就是一门关系学"。❶ 反映在课堂生态中，要实现打造"学做共创空间"的优化目标，除了前文所述的需要主体与环境之间的关系协调，尤其要处理好作为课堂主体的师生之间、生生之间的关系。遵循"他者"策略则是其中的关键。

雅斯贝尔斯认为，人类的交往从低到高有四种具体形态：第一种是"共同体主体性"（communal subjectivity）交往关系。这种交往，只有共同体，没有个人，个人作为共同体的工具，服务于共同体的需要，因此，发展的是一种原始的共体主体性；第二种是"交互客体性"（inter-objectivity）交往关系。个人作为主体，他人是交往、利用的手段，以实现自我的目的，因此发展的是个人主体性；第三种是"外在的主体间性"（external inter-subjectivity）交往关系。这种交往关系不是交互主客体中的对立关系，而是一种主体与主体之间的平等关系，每个人在发展自我主体性时，也发展了他人的主体性。但这种交往是处于自我利益的"平等"交往，需要一定外在规范的约束，以防止个人对他人利益的占有，因此是一种外在的主体间性；第四种是"内在的主体间性"

---

❶ 李文华，赵景柱. 生态学研究回顾与展望 [C]. 北京：气象出版社，2004：64. 转引自孙芙蓉，谢利民. 国外课堂生态研究及启示 [J]. 比较教育研究，2006 (10)：87.

（internal internal－subjectivity）交往关系，即存在性交往关系。这种交往不是受外在约束的交往，而是基于一种内在的人格尊重、关怀和公共利益的交往，在这种交往中，每个个体都是共同体的一分子，成员之间形成无条件的爱的关系。❶

与雅氏交往理论相对应的教育教学中的师生关系先后经历了从主体性到主体间性的转换。主体性范式通过主体性原则实现主体在教学交往中的支配性地位，却导致了自我中心化倾向。❷ 这种状况在 20 世纪 90 年代随着主体间性理论的提出而得到改观。主体间性，顾名思义，表达的是主体与主体之间关系的规定性，但这一主体不再是相对于客体的主体，而是存在论意义上的存在主体，它是"主体与主体在交往活动中表现出来的交互主体"，是主体之间在具体情境下的一致性和同一性。"交往双方不存在纯粹的客体，每个人都是主体，都是彼此相互关系的创造者。"❸ 主体间性的哲学转向为师生关系的改善提供了丰富的养料并打破了师生之间存在的"支配－依附"交往范式，使双方在相互理解基础上达成共识有了可能。

不可否认的是，从主体性到主体间性的进步并不能掩盖其事实存在着的同一性的追求和差异性的忽视。基于对同一哲学的批判，列维纳斯（Levinas）提出了对传统西方哲学具有颠覆意义的他者性理论，他者性理论企图通过确立他者在交往过程的优先性和不可还原性而赋予他者以核心的地位。❹ "把他者纳入主体性的视野，我为他者负责，把他者作为一个独特的、值得尊重的主体来对待，尽管我是被动的，却由此反证出我自身存在的必要性，反证出我的人道性和伦理性，反证出我的不可消解性，当然一定反证出我的主体性——为他人的主体性。这恰恰是主

---

❶　冯建军. 从主体间性、他者性到公共性——兼论教育中的主体间关系［J］. 南京社会科学，2016（9）：123－124.

❷　刘要悟，柴楠. 从主体性、主体间性到他者性——教学交往的范式转型［J］. 教育研究，2015（2）：102.

❸　冯建军. 教育学的人学视野［M］. 北京：教育科学出版社，2008：38. 转引自刘要悟，柴楠. 从主体性、主体间性到他者性——教学交往的范式转型［J］. 教育研究，2015（2）：105.

❹　刘要悟，柴楠. 从主体性、主体间性到他者性——教学交往的范式转型［J］. 教育研究，2015（2）：107.

体性高扬的体现。"❶ 由此可见，正是课堂中的师生之间、生生之间存在着的那种自我与他者的不对称，但平等的伦理关系保证了彼此之间在交往过程中的平等性。"他者"策略承认个体之间的差异性，尊重学生的个性化需求，进而能够有利于"学做共创空间"优化目标的实现。

二、新时代职业院校课堂生态优化路径

路径指到达目的地的路线，也指办事的方法。在课堂生态微观系统中，核心要素有教师、学生以及课堂环境，因此"学做共创空间"的目标构建主要取决于核心要素及其之间的联系，具体指称教师的教、学生的学、师生互动和环境支持。

（一）教师的教

无须赘言，作为课堂主体之一的教师，在课堂生态优化中的作用是巨大的。教师的作用主要通过"教"来体现——这里的"教"除了常规的教学，还包含着"指教""支教"之意。

1. 作为教学与榜样的教师

师者，传道、授业、解惑也。这是传统的教师角色的经典表述。随着新时代职业教育高质量发展的新要求的提出，以及以学生为中心的、行动导向学习方式的不断深入，对职业院校的教师的要求也发生了较大的变化。以教学方式为例，按照职业教育的规律特点，需要实施以工作过程为导向的教育教学，变"知识输入"为"成果产出"——因为"以产出为导向的课堂教学，既可以让学生高效率地接受、内化现成的定论性知识，又可以引导学生像科学家那样探求知识、复演过程，培养学生独立解决问题与预见未知的能力"❷，进而激发学生求知、求技的兴趣和激情，真动脑、想动手。这就不仅要求教师需要掌握专业理论知识，而且需要将其与具体的实践结合起来的知识，即要具备"双师"素质与能力，只有这样才能更好地"传道、授业、解惑"，也能适应新时代职业院校课堂生态优化的要求。与此同时，教师自身作为榜样的作

---

❶ 孙庆斌. 勒维纳斯的他者问题研究［D］. 哈尔滨：黑龙江大学，2007：141. 转引自刘要悟，柴楠. 从主体性、主体间性到他者性——教学交往的范式转型［J］. 教育研究，2015（2）：108.

❷ 崔成林. 课堂教学改革的十大追问（N）. 中国教育报，2015-05-06（06）.

用也很重要，即"为人师表"。这既是由教师这一特定职业要求所决定，也是基于职业院校的学生这一独特群体的需要。如前所述，职业院校学生们的情感比较敏感乃至脆弱，加上正值青春年少，对世界充满激情和好奇，这一阶段来自教师的示范引导对其成长和发展非常关键。

2. 作为指导者的教师

职业教育行动导向学习方式的变化内在地要求职业院校的教师要从知识的传授者向学习的指导者身份转变。教师不再是传统中的站在讲台上的"言说者"，而是根据不同学习场景不时穿梭于学习场所的"教练员"——既讲解"怎么踢球"的原理，也亲身示范该"如何踢球"。其主要任务包括在学习目标确定后如何指导学生选择学习工具和内容、学生遇到困难时如何指导其找到解决方法、如何评价学习效果等。作为指导者的教师尤其需要注意的是，由于学生之间的差异性，指导过程中不应片面追求学生学习进度的一致性，要容许个人与个人之间、小组与小组之间的学习差异与进度不同，最大限度地尊重学生的不同个性表现，及时观察并发现学生们的学习情况、情绪情况和身体情况等，同时视具体情况决定是否干预及如何干预。

3. 作为支持者的教师

"脚手架理论"由美国学者布鲁纳提出。其中的"脚手架"是从建筑行业中借用的一个术语，用来说明在教育活动中，学生可以凭借由父母、教师、同伴或他人提供的辅助物完成原本自己无法独立完成的任务。一旦学生能独立完成某种任务，这种辅助物就像建筑竣工后的脚手架，会被逐渐撤离。脚手架理论的一个重要环节是在学生需要的时候要及时为其搭建合适的"脚手架"——新时代职业院校的教师有时就需要充当这一角色。这里的关键词是"及时"与"合适"。前者说的是时机，也就是什么时候该出手相助：太早出手不利于学生独自探索与深度思考，太晚出手又可能挫伤学生求知求解的积极性；后者指的是程度，也就是在多大范围内、多大程度上帮助学生。同样的道理，为学生提供的帮助并不是多多益善，而是要把握一个合适的度，以最大限度地引导、激发学生探究心、求知欲和获得感为宜。

需要强调的是，作为教学的教师、榜样的教师、指导者的教师和支持者的教师，并不是彼此分离的、割裂的，而是内在地统一在职业院校教师这一特定的身份中，并且随着课堂内容、课堂形式、课堂环境的变化而此消彼长、相得益彰，共同促进课堂生态的优化。

（二）学生的学

作为职业院校课堂生态的优化路径之一的学生的学，旨在通过学习目标的确立、学习方法的掌握、学习氛围的营造等打造"学做共创空间"。

1. 学习目标的确立

行动导向学习理论认为，人是主动、不断优化和自我负责的，能在实现既定目标的过程中进行批判性的自我反馈。学习不再是外部控制（如行为主义），而是一个自我控制的过程。❶ 这一理论告诉我们，发挥学习者的主体作用是有效学习的关键。而学习者的学习目标制定和确立正是这一主体性的体现。早在 20 世纪 40 年代美国课程专家泰勒在其名著《课程与教学的基本原理》中提出课程编制的四个问题中也将"确定课程目标"作为首要的问题。由此可见，目标的确立是学习者的首要问题、关键问题。对于以工作过程导向为主的现代职业教育而言，其学习目标主要是获得职业能力，包括专业能力、方法能力和社会能力。在此过程中，可以将学习领域作为具体目标。所谓学习领域，既是一种课程模式，又是一个课程计划。它是按职业任务设置与职业行动过程取向的、由学习目标描述的主题学习单元。每一个学习领域是一个综合性学习任务，通过若干个相互关联的所有学习领域的学习，学生可以获得某一职业的从业能力和资格。如室内装修工这一职业就包含七个学习领域，分别是：①企业认识——了解装修企业的基本工作环境和过程；②纺织品——认识和使用装修用纺织品材料，如地毯等；③门窗——门窗的设计与装饰；④家具——简单家具的设计和制作；⑤地面装修——准备和铺设不同材质的地面；⑥居室——分析居住状况和装修居室；⑦墙壁——准备和装修不同材质的墙壁。❷ 学生学习时可以将这七个不同的学习领域作为不同时段的学习目标，掌握了这些目标就具备了室内装修工职业资格。这样的目标设定既看得见，又摸得着，符合"最近发

---

❶ 赵志群. 职业教育与培训学习新概念［M］. 北京：科学出版社，2003：54.

❷ 赵志群. 职业教育与培训学习新概念［M］. 北京：科学出版社，2003：103.

展区"理论，能够调动学生的学习积极性，激发其学习主动性，有利于"学做共创空间"的形成。

2. 学习方法的掌握

当代文学家、教育家叶圣陶先生曾说过"教是为了不教"的教育思想。在这句话中，"教"是前提、手段，"不教"是目的。所谓"不教"，是在教师的引导训练下，学生自己拥有学习能力、掌握学习方法了，就能独立探索实践、进而解决问题，也就达到了"教"的目的。早在古罗马时期，著名教育家昆体良也提出了类似的思想。还有我们熟知的"授人以鱼不如授人以渔"，也就是说与其传授给人既有知识，不如传授给人学习知识的方法。中外亦或古今，表达的都是"方法"的重要性。

实际上，"方法"对于职业院校的学习者来说尤其重要，它不仅是学习的手段，也是学习的目的——在职业能力的构成中，除了专业能力、社会能力，方法能力也是其中之一，且占据着重要的地位。然而，在实践中，我们往往重视了教师的"教法"，但对学生的"学法"重视不够。这可能是因为过去长期以来在教学中"以教师为中心"的体现。随着现代职业教育"以学生为中心"的转向，重视"学法"成为必然，由此或许我们可以将"教是为了不教"调整为"教是为了学"。事实上，良好学习方法不仅能够使学习的效果更好，而且能够促进学生思维的发展。美国心理学家派瑞通过对青少年思维过程进行研究，提出青少年思维发展要经过以下四个阶段才能逐渐成熟。这四个阶段分别是：①二元论阶段，其思维特点是凡事总要问一个"什么是正确"的答案；②多元论阶段，其思维特点是认识到事物不是简单地分为好与坏、对与错，对同一个问题每一个人的看法都是不一样的；③相对论阶段，其思维特点是尽管对于一个问题可以找到多种解决办法，但是在给定的特定条件下存在一个最佳的办法；④行动论阶段，到了这个阶段后，学生会根据自己对社会、对事物的理解和判断，确立明确的奋斗目标并矢志不渝地去追求。就教育的目的而言，诚如英国教育哲学家怀特海所言，"是为了激发和引导他们的自我发展之路"。由此可见，思维能力的培养对学生成长是多么重要，对于职业教育也是如此。事实上，职业教育不是"一种不幸由于生活条件限制而必须进行的有缺陷的训练",❶ 职业教育不是平庸的教育，更不是二流教育，它是国家教育体系中的重要组成，是人类社会发展和理想人生得以实现不可或缺的教育形式，正如怀特海所说，"它是你在进行思考时的创造性的体验，是实现你的想法的体验，是教你协调行动和思维的体验，是引导你把思维和预见、把预见和成就结合起来的体验。技术教育提供理论、并训练敏锐的洞察力来判断理论将在何处失去作用"❷。因此，在职业院校课堂生态优化过程中，突出强调学生思维能力的培养和提升，某种程度上而言是其根本目的所在。

3. 学习氛围的营造

学习氛围是环绕学习场域、影响知识获得、技能掌握和情感陶冶的气氛。学习氛围的营造是师生共同的责任和追求，也是课堂生态优化的要求和体现。师生互动是学习氛围营造中最为关键的因素。

之所以需要营造学习氛围，最为基本的原因在于人是群体性的。这既是人类衍生发展至今的原因，也是人类进化形成的结果。社会认知学习理论把学习分为参与性学习和替代性学习。参与性学习是指通过实际操作并体验行动后果而进行的学习，实际上就是在做中学。替代性学习，又称观察学习，主要是通过观察他人在特定情境中的行为，审视他人所接受的强化，把他人的示范作为媒介的模仿活动，即我们通常所说的"榜样的力量是无穷的"。同学之间彼此相互观察、相互影响，促发新的反应，或矫正或提升，进而获得整体性进步。职业教育行动导向学习过程中的替代性学习显得尤其重要。一方面是由职业教育的学习内容决定的，如前所述，职业教育主要学习"工作过程知识"，这种知识"是在工作过程中直接需要的（区别于学科系统化的知识）、常常是在工作过程中获得的知识（包括理论知识）"，❸ 因此在学习过程中注重"理实一体"，强调"做中学"，这为观察学习提供了良好的条件——因为"做"的过程常常是显见的、利于观察的。另一方面是职业院校学生的独特性要求的。这些学生年轻有朝气，一位同学的发言很有代表

---

❶ 怀特海. 教育的目的［M］. 庄莲平，王立中，译注. 上海：文汇出版社，2012：73.
❷ 怀特海. 教育的目的［M］. 庄莲平，王立中，译注. 上海：文汇出版社，2012：72.
❸ 赵志群. 职业教育与培训学习新概念［M］. 北京：科学出版社，2003：31.

性："因为在现在这个学校的环境，有很多独立的人，你会发现他们身上有可学习的地方，虽然从学业方面来说，大家可能都不是特别优秀，但是每个人都有自己的优点，可以看出来，他们在生活方面确实厉害，会做各式各样的家务，比如说使用洗衣机吧，我之前还真不会，自从来了这个学校以后，我就感觉他们煮饭洗衣什么的都会，我们都有好胜心，所以我也要学习这些，什么都做。"● 因此，营造一个和谐的、民主的、正当性竞争的课堂氛围，不仅有利于教学活动顺利进行，激励学生勤学苦练，而且能陶冶学生情操，净化学生的心灵，促进学生全面发展。

（三）环境支持

环境简单而言是指周围的地方，也指所处的情况和条件。包括自然环境和社会环境。社会环境中最为重要的因素是制度和文化，因而环境对课堂生态的支持可以大致分为物质环境支持、制度环境支持和文化环境支持。

1. 物质环境支持

奥托·戴克认为"教学活动是在一定的物理环境中进行的，这些环境在某些十分重要的方面制约着学生学习与发展的可能性"❷。毋庸置疑，物质环境是开展教学活动、建设教学文化、实现教学目标的自然基础。课堂的物质环境既是课堂生态环境建设的首要前提，也是其外显标志，主要包括自然物理环境、教学时空环境、教学设施环境等。自然物理环境是指教室内物体的颜色、采光、温度和噪声等；时空环境包括班级规模、座位编排方式、教学活动安排、课程设置等；教学设施环境则是课堂中教师和学生为完成教学任务所使用的各种教学媒介以及学习工具，如课桌、座椅、讲台、黑板等课堂基础设施，微型电脑、投影仪、计算器等现代化教学工具。物质环境不仅为职业院校课堂生态提供了物质基础，也是促进教师的教与学生的学不可或缺的重要外因。

由于职业院校在教学内容上有别于普通学校，因此既存在上普通文

● 李德方. 职业教育的课堂生态了吗？——基于一所五年制高职院校的课堂志研究[J]. 职教发展研究，2022（4）：31.

❷ Otto Dahlke H. Values in Culture and Classroom：A Study in the Sociology of the School[M]. Brothers Publishers, 1958：63.

化课的理论教室，也有进行实践实操的实训教室。无论是哪种教室，都需创设与教学目标相匹配的教学情境，进而实现教学目标。一方面，课堂中的色彩、光、温度等环境因子会对学习者的生理、心理产生交互作用。因此，既需要考虑相关标准规定，也应尽量做到彼此协调。以颜色为例，浅色可以使人消除大脑的疲劳，达到心平气和，从而提高工作效率；深色则会刺激大脑，使人兴奋，但会令人产生一定的焦虑感。职业院校的生态课堂是职校生学习的重要场所，故而一般选择一些浅色调。同样，对课堂中其他物理因素的选择，也应符合学生身心发展的一般规律。另一方面，美国著名教育家杜威曾批判没有生机的课堂环境、中规中矩的课堂环境对学生的不良影响，不利于学生发散思维的训练。课堂中，教师与学生具有同时空性，座位编排是时空环境中的一个关键问题，教室中普遍的是行列式座位编排，又称为秧田式，是"以教师为中心"的传统座位布局模式，随着现代职业教育"以学生为中心"的转向，显然已不再适用于新时代职业教育的课堂。圆桌型等则强调打造一个以学生为座次中心的，更加开放、活泼的课堂生态。此外，伴随职业教育步入数字化时代，增加信息化现代教学与学习工具的使用，既可以重塑职业教育领域课堂新生态，也能够满足学习者个性化的学习需要。总言之，要根据学习活动的实际要求和学习者身心发展的需要，为学习者精心创设宽敞明亮、温暖舒适的物理环境，❶从整体上构建一个服务课堂、优化课堂的物质生态环境，进而促进教师的"教"与学生的"学"。

2. 制度环境支持

孟子曾言明："不以规矩，不成方圆。"所谓"规矩"在课堂中，就是协调师生关系、规范师生行为、保证课堂活动正常进行的规则与制度。作为连接课堂主体因子的媒介之一，制度是教师与学生态度与行为的指挥棒。

简单来说，制度环境涵盖了社会、学校、课堂三个层面。长期以来，社会对职业教育的认识有失偏颇。由于对"学而优则仕"传统儒家思想的曲解，职业教育不受重视，人们普遍将其视为"失败者的教

---

❶ 徐建华. 共建式高校课堂生态环境研究［D］. 哈尔滨：哈尔滨师范大学，2016：100.

育"，制度环境也可以理解为社会事实。因此，要优化新时代职业教育课堂生态，首先，要从社会制度出发——因为社会经济、政治、教育制度都与职业教育之间存在着相互支持又相互制约的内在关系，营造"人人皆可成才，人人尽展其才"的技能社会生态圈，才能为职业教育生态发展提供基础保障。其次，职业院校是开展职业教育教学培训的主阵地，故而作为规范学校教育教学工作的学校制度尤为关键。学校制度的制定是管理者依法治校的科学指南，有利于职业学校更好地进行教学，是确保教学过程和教学活动有序推进、教学任务按时完成、教学目标顺利实现的制度基础。最后，课堂制度以院校实际为基础，立足于课堂生态的有序发展。课堂中的两大主体因子分别是学生与教师，"作为课堂生态的主体，学生的健康发展与教师的专业成长都离不开科学的管理制度和价值引导"[1]，班级管理制度往往能折射出一个班级生态的形成与发展，影响着学生的学习与成长。树立"以生为本"的良好班级制度生态理念，既能够规范师生的"教"与"学"行为，又能服务于学生的终身发展，提升职业院校教师的教学热情，从而实现"经师"向"人师"的转变。

3. 文化环境支持

北宋著名文学家、政治家欧阳修曾说过"服民以道德，渐民以教化"。所谓"渐"，即逐渐感染，指的是要在潜移默化中使人民受到教育。职业院校的课堂作为一种特定的社会文化活动，相较于其他环境要素，文化环境与教育的关系更为密切。所谓文化，既包括已经打上人的烙印的人工物品和符号化的物质的外显文化，又包括情感、态度、价值观在内的内隐文化。

文化与教育生态的关系给我们的启示是：学校教育传递文化的过程，从内容到形式，都要在一定程度上适应当时当地的文化生态环境。[2] 一方面，我们应尽可能地利用好物质文化的积极因素。苏霍姆林斯基也曾说过，"我们在努力做到使学校的墙壁也说话"。在创设职业院校的课堂生态时，将专业文化特色与教室布置、板报绘制等活动相融

❶ 徐建华. 共建式高校课堂生态环境研究 [D]. 哈尔滨：哈尔滨师范大学，2016：144.
❷ 范国睿. 教育生态学 [M]. 北京：人民教育出版社，2000：71.

合，致力于使学生日常课堂环境充满专业氛围感。另一方面，内隐文化又可分为学生文化、教师文化与课程文化等。学生是课堂中的能动因素，学生群体是课堂的主要参与者。因此，优化课堂生态环境，首先，需要营造团结友爱、互帮互助的学生文化，组织好学生群体对学校活动、比赛的广泛参与，充分激发其潜能，使其健康、全面地成长是新时代课堂生态的根本目标。其次，教师不仅是学生的学问之师，更是社会崇高品德的践行者与良好风尚的领头羊，教师文化从某一方面来说，对学生文化起着直接作用。最后，课堂文化是课本中所蕴含的文化观念以及非课本文化观念的交融与糅合。人创造了文化环境，环境同样支持着文化的发展。总言之，应以多元文化为立足点，充分发挥文化环境的支持作用，关注文化的多样性及其相互适应而成的生态关系，协调统筹好课堂的多元文化，构建一个和谐共生的文化生态环境。

三、新时代职业院校课堂生态优化举措

（一）加强研训为课堂生态优化奠定扎实基础

就课堂活动的特点而言，课堂教学是教师与学生、学生与学生之间立体交互活动的过程。课堂中的有机体，是从事"教"与"学"活动的主体，即教师与学生。教师的专业能力与课堂教育教学质量之间存在着正相关的关系，生态学理论表明"生物并不是为了适应现在的环境而设计的，而是经历过去的环境后被塑造的结果"[1]。因此需要高度重视教师的培养与培训，促进教师专业发展，进而有利课堂生态的优化。

教师职业"育人而非制器"的独特职能，加上信息时代的多变特点，内在地决定了其职前培养的复杂性与专业发展的长期性。新中国成立 70 余年以来，我国在师范教育方面取得了巨大成就，逐渐从"老三级"过渡到"新三级"，形成了"专科－本科－硕士"三位一体的教师培养体系。尽管如此，我国师范生培养体系仍存在许多不足之处，如在课程设置中公共课、专业基础课、专业核心课和实习实践课分段设置，而不是三年或四年期间理论课程和实践课程交互融合、理实一体，更少

[1] Michael Begon, Colin R. Townsend, John L. Harper. 生态学：从个体到生态系统［M］. 4 版. 李博，等译. 北京：高等教育出版社，2016：5.

见专 – 本、本 – 硕以及本 – 硕 – 博之间相互贯通式的培养，加上我国师范教育一直存在着职前培养与职后培训的"双轨"现象。❶因而，今后在师范生的培养培训过程中，需要严格贯彻党和国家教育方针，夯实教师教育的基础课程，增强师范生的职业适应能力，培养师范生的专业能力与核心素养，引导教师主体意识的觉醒。同时，伴随"工业型社会"向"知识型社会"的时代更迭，教师的职后培训也尤为关键。一是要增强开放性。统整地方教师发展中心（学院）、教师培养院校和中小学、幼儿园等机构，共同打造教师专业发展新平台，通过在岗研修、脱产进修、影子学习、实践观摩和出国考察等方式，有计划、分层次、按规律、不间断地推动教师自主学习、集中培训、脱产研修，整体推进教师专业发展；❷二是要创建教师成长共同体。"共同体"指的是为了共同的目标、基于共同的条件而组成的团队，成员相互合作、相互支持。❸正所谓"单丝不成线，独木不成林"，学校作为一个生态系统，教师群体作为主体因子，对课堂生态的影响巨大，努力形成师资队伍自主管理、自我完善、整体进化的良好格局至关重要。

（二）以生为本为课堂生态优化把握方向

教育的本质是育人，不同类型的教育尽管有着不同的目标取向，但无论是哪一种类型教育，其终极目的都是"激发和引导学生的自我发展之路"❹，促进学生德智体美劳全面发展，成就学生个体幸福完满生活和社会健康良好发展。基于此，世界各国高度重视教育，通过设立学校、培养教师、建章立制等一系列举措积极发展教育。这一切都是为了"学生"——没有了学生也就没有了学校，同样也就不存在学校教育。从这个角度而言，树立"以生为本"理念是题中应有之意，诚如纪伯伦所说，不要因为出发得久了而忘记了为什么出发。

"以生为本"具有丰富的内涵，其根本含义即"一切为了学生，为了一切学生，为了学生的一切"。具体表现为传统的"以教师、教材、课堂"到"以学生、活动、经验"为中心的转变，体现了教育本质的回归，职业教育亦然。职业教育兼具"职业性"与"教育性"的双重属性。职业院校并非单纯的技能培训场所，既要培养学生拥有适应社会发展的职业技能，促使学生拥有面向未来的能力，也要重视学生思想信念、道德品质以及职业素养的养成，着眼于学生"永恒技能"的掌握。新时代的职业教育要实现高质量发展，培养符合社会发展需要的高素质技术技能人才，需要以学生为中心，构建一个突出学生主体地位、尊重学生创新精神、关注学生内心世界的职业生态课堂。一是要帮助学生树立主体意识，为学生提供展现自己的舞台，让学生深知学习是自己的事，实现由被动地学习转向主动地学习。二是要以促进学生的全面发展为目标。摒弃原有的重智轻教的教学目标，在培养过程中，注重对学生创新精神与实践能力的培养，以素质教育为抓手，追求学生德、智、体、美、劳全方面的发展。三是要采用灵活多样的教学方式。实现由原有"填鸭式"教学转向"启发式"教学，给予学生学习的自主权，营造思维活跃的新生态课堂，真正使学生的头脑"动"起来，双手"做"起来，发挥学生的主观能动性。四是要着眼于学生学习的内在需求。兴趣是学习最好的老师，为营造自由、和谐的课堂生态，应尽量给予学生学习的自主选择权，不固化课堂空间形式，根据学习内容、学习需要安排座位排列和座次顺序，满足学生实际需求。

（三）加大投入为课堂生态优化提供保障

职业教育是"跨界教育"。当代教育名家姜大源认为，作为一种类型的教育，职业教育的本质特点是具有"跨界性"。体现在职业教育过程中，不仅要关注教育规律、认知规律，还要关注职业特点和职业发展规律。"跨界"的职业教育在人才培养过程中需要走产教融合、校企合作之路。

职业教育是"贵族教育"。这里的"贵族"不是指传统的"高贵一族"或"权贵一族"，而是"昂贵一族"之意，即培养技术技能人才的成本是高昂的，包括时间成本和条件成本。对于时间成本，"一万小时定律"是最好的说明。也就是说，要成为某个领域的专家，需要达到一万小时的积累。同样，要成为出类拔萃的能工巧匠，需要长时间持续不断地刻苦训练。要做到这一点，职业学校在人才培养过程中，除了在课程设置上保证足够的实践环节，还需要提供足够的训练设备、工位和耗材等，同时教学组织方式和管理方式也要有所不同。宜采用小班额、少人数，管理上要适合工学交替的教学方式，适当糅合企业管理元素。这就是条件成本。而目前在我国职业教育领域普遍存在的经费不足以及管理一刀切等做法是不利于"贵族"养成的。[1] 美国教育管理学家罗森·庭格说过，教育经费如同教育的脊椎。可见，教育经费投入从一个侧面反映了一个国家教育体系的整体运行状况，教育经费投入的多少、比例与职业教育的质量与发展存在着直接的关系。2021 年，全国教育经费总投入 57873.67 亿元。其中，中等职业院校教育经费总投入为 2617 亿元，仅占高中阶段教育经费总投入的 33.85%。有学者指出，职业教育的财政投入少于普通教育，是一个不争的现象，主张要采取"刚柔并济"的举措，即建立"长项"的经费保障与"专项"的经费资助相结合的长效机制。[2]

当前我国职业教育投入的问题主要表现在以下两个方面。一是职业教育投入总量不够。有研究表明，我国财政性教育经费在国内生产总值中的比重不单落后于发达国家，甚至低于一些发展中国家。由于多方因素的交叉影响，当今职业教育事业发展速度与规模受到经费的限制。二是职业教育的投入渠道不畅。我国职业教育的经费投入主要源于国家财政性教育经费投入和学杂费：①社会对职业教育存在误解，有的人甚至认为其是"低价值教育"，导致职业教育缺乏良好的社会氛围和环境，也较难得到社会各界资助；②目前来说，国家预算成为职业教育投入的唯一固定渠道，是一种维持性而非发展性的教育预算，"综合定额加专项补助"的经费投入方式，既反映不出经济社会发展对生均成本的增减影响，也不能准确反映学校教育经费使用的效益和效率。[3] 总体上不利于职业教育的可持续发展。

改革开放以来，在经济结构调整和产业结构优化升级的今天，职业教育服务于经济发展、产业发展的角色地位更加重要。首先，各级政府需要提高认识，采取切实行动加大投入，支持职业院校的公共基础建

---

[1] 李德方. 破解"无奈选择"的三个关键点 [J]. 江苏教育（职业教育），2018（5）：14.

[2] 姜大源. 当代世界职业教育发展趋势研究 [M]. 北京：电子工业出版社，2012：203.

[3] 黄桂新，黄坚. 完善与加大对职业教育投入的思考 [J]. 现代企业教育，2011（2）：46.

设，鼓励职业院校建设生产性学习实训基地，拓宽专业口径，培养学生的职业综合能力。其次，要完善职业教育的投入机制，拓宽校企合作的渠道，革新投入方式。政府应建立与健全校企合作的相关法律法规，允许企业依托于自身优势，兼顾学校与企业的双方利益，动员、鼓励、支持行业企业兴办职业教育，努力形成公民办职业教育协同发展的良好格局。最后，各级教育行政主管部门需要履行好监督者的职责，针对不同院校所处地理位置、专业设置建立相应的绩效评价机制，采用绩效指标引导职业教育经费的使用，规范和优化资金的管理，把钱用在刀刃上，使其发挥出最佳的效益。

参考文献

[1] 陈宝生．努力办好人民满意的教育［N］．人民日报，2017 - 09 - 08（07）．

[2] 陈静静．佐藤学"学习共同体"教育改革方案与启示［J］．全球教育展望，2018（6）：78 - 88.

[3] 陈鹏．庞学光．培养完满的职业人——关于现代职业教育的理论构思［J］．教育研究，2013（1）：101 - 107.

[4] 陈向明．教师成长共同体的一种可能样态［J］．中国教师，2022（12）：20 - 26.

[5] 崔成林．课堂教学改革的十大追问［N］．中国教育报，2015 - 05 - 06（06）．

[6] 杜亚丽，陈旭远．透视生态课堂的基本因素及特征［J］．教育理论与实践，2009（19）：52 - 56.

[7] 范国睿．教育生态学［M］．北京：人民教育出版社，2000.

[8] 冯建军．从主体间性、他者性到公共性——兼论教育中的主体间关系［J］．南京社会科学，2016（9）：123 - 124.

[9] 冯建军．教育学的人学视野［M］．北京：教育科学出版社，2008.

[10] 付杨．从技术植入到生态优化：信息技术赋能课堂教学的范式转型［D］．武汉：湖北大学，2020.

[11] 傅海伦，吴珊珊，张晓芸．数学生态课堂的特征及模型构建［J］．教学与管理，2020（10）：105 - 107.

[12] 古德（T. L. Good），布曼菲（J. E. Brophy）．透视课堂［M］．10 版．陶志琼，译．北京：中国轻工业出版社，2013.

[13] 管月飞．论生态课堂及其构建［D］．芜湖：安徽师范大学，2007.

［14］国家统计局．中华人民共和国 2021 年国民经济和社会发展统计公报［N］．光明日报，2022 – 03 – 01（10）．

［15］韩心雨．大学生隐性逃课关键因素分析及对策研究——基于系统动力学视角［J］．产业与科技论坛，2020（16）：109 – 112.

［16］郝双美．基于顶层设计的高职院校教学改革路径探索——以大连职业技术学院为例［J］．辽宁高职学报，2017（2）：48 – 51.

［17］何世松，贾颖莲．高等职业院校"双高计划"项目实施的顶层设计、关键路径与评价指标［J］．职业技术教育，2020（14）：6 – 10.

［18］胡胜，黄镘．立足课堂生态本质构建课堂教学新生态［J］．中国教育学刊，2021（8）：104.

［19］怀特海．教育与科学理性的功能［M］．黄铭，译．郑州：大象出版社，2010.

［20］怀特海．教育的目的［M］．庄莲平，王立中，译注．上海：文汇出版社，2012.

［21］黄桂新，黄坚．完善与加大对职业教育投入的思考［J］．现代企业教育，2011（2）：46 – 47.

［22］姜大源．现代职业教育体系构建的理性追问［J］．教育研究，2011（11）：70 – 75.

［23］姜大源．当代世界职业教育发展趋势研究［M］．北京：电子工业出版社，2012.

［24］康永久．教育学原理五讲［M］．北京：人民教育出版社，2016.

［25］李德方．培养享受工作的人：怀特海技术教育目标及启示［J］．职教发展研究，2021（1）：1 – 8.

［26］李德方．"新师范"的时代意蕴、现实困境与实践路径［J］．江苏高教，2021（4）：6 – 12.

［27］李德方．职业院校课堂生态研究及其价值［J］．江苏高职研究，2022（1）：38 – 44.

［28］李德方．现阶段我国高等职业教育发展问题及对策——基于入学与就业的视角［J］．职教论坛，2010（34）：20 – 23.

［29］李德方．破解无奈选择的"三个关键点"［J］．江苏教育（职业教育版），2018（5）：12 – 14.

［30］李德方．做一个胜任的校长——高职院校校长胜任力研究［M］．北京：知识产权出版社，2015.

［31］李德方．职业教育的课堂生态了吗？——基于一所五年制高职院校的课堂志研究［J］．职教发展研究，2022（4）：29-40.

［32］李森，王牧华，张家军．和谐与创造［M］．北京：人民教育出版社，2011.

［33］李文华，赵景柱．生态学研究回顾与展望［C］．北京：气象出版社，2004.

［34］刘景忠．高职院校课堂生态刍议［J］．江苏教育（职业教育），2016（5）．

［35］刘要悟，柴楠．从主体性、主体间性到他者性——教学交往的范式转型［J］．教育研究，2015（2）：102-109.

［36］刘优良，谭净．论人种志在高等教育研究中的应用优势［J］．当代教育论坛，2007（12）：136-138.

［37］刘志峰，智延生．课堂生态系统的形态表征分析［J］．教育探索，2010（6）：45-46.

［38］罗定志．新课程理念下的生态课堂［J］．绍兴文理学院学报，2005（4）：117-118.

［39］马克斯·范梅南．教学机智：教育智慧的意蕴［M］．2版．李树英，译．北京：教育科学出版社，2014.

［40］马克斯·范梅南，李树英．教育的情调［M］．北京：教育科学出版社，2019.

［41］玛丽莲·科克伦·史密斯，沙伦·费曼·尼姆塞尔，D.约翰·麦金太尔．教师教育研究手册：变革世界中的永恒问题　下卷［M］．3版．范国睿，等，译．上海：华东师范大学出版社，2017.

［42］内尔·诺丁斯．学会关心：教育的另一种模式［M］．2版．于天龙，译．北京：教育科学出版社，2011.

［43］欧文·白璧德．文学与美国的大学［M］．张沛，张源，译．北京：北京大学出版社，2011.

［44］钱焕琦．教师职业道德［M］．4版．上海：华东师范大学出版社，2020.

［45］单中惠，杨汉麟．西方教育学名著提要［M］．2 版．南昌：江西人民出版社，2004.

［46］邵志明．职业教育混合式教学实现"双线融合"的价值意蕴、作用机理与实践路径——基于共建式课堂生态的视角［J］．中国职业技术教育，2021（8）：23－31.

［47］斯腾伯格 R·J．成功智力［M］．吴国宏，钱文，译．上海：华东师范大学出版社，1999.

［48］宋铁花．地方院校大学英语课堂教学生态化初探［J］．中国大学教学，2013（12）：62－63.

［49］孙冰，张敏，王为．东北地区制造业产业自主创新动力机制［M］．北京：科学出版社，2012.

［50］孙芙蓉，谢利民．国外课堂生态研究及启示［J］．比较教育研究，2006（10）：87－92.

［51］孙芙蓉．课堂生态研究［M］．杭州：浙江大学出版社，2013.

［52］孙庆斌．勒维纳斯的他者问题研究［D］．哈尔滨：黑龙江大学，2007.

［53］汪传庚，吕永．核心素养背景下的生态课堂比较研究［J］．池州学院学报，2019（33）：156－158.

［54］汪霞．我们的课堂生态了吗［J］．全球教育展望，2005（5）：17－22.

［55］汪霞．一种后现代课堂观：关注课堂生态［J］．全球教育展望，2001（10）：51－54.

［56］王鉴．课堂研究引论［J］．教育研究，2003（6）：79－84.

［57］王鉴．从学术殿堂走进生活世界："课堂志"研究的方法与案例［J］．社会科学战线，2013（7）：223－229.

［58］王鉴．课堂志：作为教学研究的方法论与方法［J］．教育研究，2018（9）：122－132.

［59］王鉴．课堂研究概论［M］．北京：人民教育出版社，2007.

［60］王鉴．论课堂的历史形态及其变革［J］．西北师大学报（社会科学版），2006（2）：85－90.

［61］王鉴．课堂志：回归教学生活的研究［J］．教育研究，2004

（1）：79 – 85.

[62] 王军，蒲立红．体育教学心理环境视域下的生生关系研究——以甘肃普通高校为例［J］．甘肃联合大学学报（自然科学版），2011（5）：79 – 81.

[63] 王兴华．课堂教学生态及其优化研究［D］．西安：陕西师范大学，2007.

[64] 王志强．人种志研究法：内涵、特征及其在教育研究中的应用[J]．吉林省教育学院学报，2016（4）：110 – 112.

[65] 魏宏聚．场所、事件与社会：课堂属性的多维解读［J］．教育理论与实践，2010（10）：23 – 24.

[66] 肖翠云，袁明智．人力资本导向的广东省职业院校改革——系统动力学仿真与政策建议［J］．职业技术教育，2014（4）：25 – 29.

[67] 徐建华．共建式高校课堂生态环境研究［D］．哈尔滨：哈尔滨师范大学，2016.

[68] 徐叶，朱凤荣．高职院校学生自我认同危机及应对策略［J］．扬州教育学院学报，2018（9）：73 – 76.

[69] 尹伟民．适合的职业教育发展模式研究［M］．南京：江苏凤凰教育出版社，2020.

[70] 约翰·杜威．民主主义与教育［M］．王承绪，译．北京：人民教育出版社，2001.

[71] 张东娇．师生关系新走向：双向式"师道尊严"［J］．教育科学，2007（1）：60 – 63.

[72] 张红霞．教育科学研究方法［M］．北京：教育科学出版社，2009.

[73] 张烁．我国职业教育迈入高质量发展新阶段［N］．人民日报，2020 – 12 – 09.

[74] 张元．怀特海生活教育思想述评［J］．内蒙古教育，2019（18）：8 – 11.

[75] 赵志群．职业教育学习新概念［M］．2 版．北京：北京师范大学出版社，2021.

[76] 赵志群．职业教育与培训学习新概念［M］．北京：科学出版

社，2003.

［77］钟耕深．商业生态理论及其发展方向［J］．东岳论丛，2009（6）：27－33.

［78］中国社会科学院语言研究所词典编辑室．现代汉语词典［M］．6版．北京：商务印书馆，2012.

［79］钟启泉．课堂话语分析刍议［J］．全球教育展望，2013（11）：10－20.

［80］周芳，李德方．基于系统动力学的职业院校课堂生态影响因素及其作用分析［J］．江苏高教，2022（11）：77－85.

［81］周建松，陈正江．高职院校"三教"改革：背景、内涵与路径［J］．中国大学教学，2019（9）：86－91.

［82］宙斯·奥尔特加·加塞特．大学的使命［M］．徐小洲，陈军，译．杭州：浙江教育出版社，2001.

［83］周卫娟．学生课堂沉默及其教学应对［J］．教学与管理，2019（36）：95－98.

［84］佐藤学．静悄悄的革命——课堂改变，学校就会改变［M］．李季湄，译．北京：教育科学出版社，2014.

［85］Doyle W, Ponder G. Classroom Ecology: Some Concerns about a Neglected Dimension of Research on Teaching. Contemporary Education, 1975, 46 (3).

［86］Fischer M. Vonder Arbeitserfahrung zum Arbeitsprozesswissens, Opladen, Leske + Budrich, 2000.

［87］Holliman W B, Anderson H N. Proximity and Student Density as Ecological Variables in a College Classroom. Teaching of Psychology, 1986, 13 (4).

［88］Krantz P J, Risley T R. The Organization of Group Care Environments: Behavioral Ecology in the Classroom. Paper Presented at the Annual Convention of the American Psychological Association (80th, Honolulu, Hawaii, September, 1972).

［89］Marshall P D, Losonczy M M. Classroom Ecology: Relations Between Seating Location, Performance, and Attendance. Psychological Reports,

2010，107（2）.

[90] Michael Begon，Colin R. Townsend，John L. Harper. 生态学：从个体到生态系统［M］. 4 版. 李博，等，译. 北京：高等教育出版社，2016.

[91] Otto Dahlke H. Values in Culture and Classroom：A Study in the Sociology of the School［M］. Brothers Publishers，1958.

附　录

附录 1　课堂生态观察量表

观察时间：_____年___月___日　星期___　天气情况：_____
观察课堂：_____教室　_____课程　_____班级　任课教师：_____
课堂环境描述（方位结构、周围情况、卫生条件、采光色彩、桌椅或设备排列等）：

观察记录				
维度	环节	观察点	情况描述	备注
教师教学	课前	到达课堂时间		
		课前准备工作		
		教师状态		
		互动情况		
	课中	开始上课情况（导入、内容、状态）		
		主要教学环节及方法手段		
		互动情况		
	课后	本课结束时（结束语、状态）		
		课后（追溯）		
		互动情况		
学生学习（含实践）	课前	到达教室时间		
		课前准备情况		
		学生状态		
	课中	开始上课情况		
		过程情况		
	课后	本课结束时		
		课后（观察及追溯）		

观察记录				
维度	环节	观察点	情况描述	备注
互动（交往）	课前	师生、生生		师生互动见"教师教学"
	课中	师生、生生		师生互动见"教师教学"
	课后	师生、生生		师生互动见"教师教学"
事件	关键或重点事件	事件名称、性质、状况		
	突发事件	事件名称、性质、状况		
文化	物质文化	物理环境等		
	制度文化	制度因素（静态、动态）		
	精神文化	课堂氛围		
其他需要记录的事项				

课后追溯调查情况及体会：

　　　　　　　　　　　　　　　　　　　　　　　　　观察者：

附录2　职业院校课堂生态访谈提纲
（学生用）

说明：本调查是为了国家课题研究用，个人信息与内容保密，请放心回答。

1. 与小学、初中相比，你觉得在职业学校自己的学习情况如何？与本班其他同学相比，你觉得学习上有哪些优势和不足？最好能举例说明。

2. 现在的职校是如何来评判你们的学习情况的？是传统的书面考试还是制作作品或产品（可以追问具体细节）？

3. 对于学习成绩，你自己是如何看待的（重要性、评价方式、结果运用等）？

4. 请问你在学习上遇到困难怎么办？是第一时间寻求老师的指导、还是同学的帮助，或者是自己解决？

5. 你觉得本校老师们的教学如何（是否认真负责，是否教得好？可以不用说出老师的真实姓名）？

6. 你觉得本校或本班师生关系如何？举例说明。

7. 你觉得本校或本班同学之间的关系如何？举例说明。

8. 你心目中的理想课堂是什么样子，请尽可能详细地描绘一下。

9. 你觉得现实中（含本校本班）的课堂与理想的课堂存在哪些主要差距？如何缩短这些差距（即找到缩短这些差距的办法）？

10. 请介绍一下你在职业学校学习过程中自己喜欢的老师，并谈谈喜欢的理由（尽可能具体）。

11. 请谈谈你不喜欢的老师并阐明理由（老师可以用代号，不仅限于职业学校，也可以是小学、初中老师）。

12. 你觉得家庭对自己在职校的学习和成长有无影响，最大的影响是什么？

13. 你觉得小学、初中对自己目前的学习和成长有无影响，最大的影响是什么？

14. 你觉得社会（环境）对自己目前的学习和成长有无影响，最大的影响是什么？

15. 看到你们教室里布置得非常丰富，是谁布置的？为什么这样布置？你们喜欢吗？有没有需要进一步改进的地方？

16. 请谈谈你对自己未来的打算和期望？

17. 请谈谈自己对学校、对老师、对社会的希望和要求？

18. 其他。

附录3　学生访谈摘录

问：与小学、初中相比，你觉得在目前的职业学校自己的学习情况怎么样？

答：感觉比小学和初中稍微轻松一点儿，压力不是特别大，时间比较充足。因为一共上五年，前几年还是相对轻松的，课程也不算特别多，一天6节课，一般下午2节，比较自由。

问：好的。那就是压力小一点儿了，是吧？跟本班的其他同学比，你觉得自己在学习上有哪些优势和不足呢？

答：都差不多，有时候听课没有那么认真，其他还好。不足之处可能就是自己有点懒。

问：好的。具体说说为什么觉得自己有点懒呢？可以通过举例子来说。

答：比如，老师让写语文作业，从书上自己找字或者词语的抄写任务，我一般自己不想找，就去看同学的。

问：好的。第二个问题是现在的学校是怎么来评判你们的学习情况？是传统的书面考试，还是制作一个作品或产品？

答：每个学期有书面考试，还有技能实训，两个相结合。

问：两种都有。什么情况下用书面考试呢？

答：书面考试就是期中期末的测试，实训是在车间实习大概几个星期后，再根据自己制作的东西，老师进行评判成绩。

问：根据课程的类型不同，用不同的方法来评判，对吧？对于每学期或者每学年的学习成绩，你是怎么来看待的？是否觉得成绩非常重要？

答：其实我觉得自己尽力就好，然后尽量考出好成绩。

问：下一个问题是你在学习上遇到了困难怎么办？是第一时间寻求老师来指导，还是选择同学帮助，或者是自己想办法解决呢？

答：我平时有什么不会的，自己实在想不出来就会先问问成绩比较好一点儿的同学，如果他们也不会，就等到老师上课的时候去提问，然后老师会单独把它拿出来讲解一下。

问：好的。你觉得学校老师的教学怎么样？是不是认真负责？是不是教得比较好？

答：老师教学比较认真负责，现在可能没有初中和小学那种下课还会拖堂的情况，可能下课之后老师觉得自己任务结束了就直接走了，如果有什么不会的，需要我们自己去找老师解答。

问：你觉得这种方式是好还是不好？

答：对于那种想学的人肯定是没多大影响，但是如果不怎么想学的时候，老师也不来监督你，可能就会有点放纵了。

⋯⋯

附录4 职业院校课堂生态访谈提纲
（教师用）

说明：本调查是为了国家课题研究用，个人信息绝对保密，访谈内容发表前一定会做匿名化处理，请放心回答。每人访谈时间大约为一小时。

1. 请问您任教的是什么课程？在您的课上，学生的学习情况（努力程度、相互合作、纪律情况等）如何？

2. 请谈谈您在教学过程中对学生学习的帮助和支持情况。

3. 当前对于职业教育提出了高质量发展的要求，也就是强调内涵发展，您认为课堂教学在其中的作用如何？为什么？

4. 请问您听说过"课堂生态"这个概念（词语）吗？如果听说过，是通过什么方式、在哪里听说的？

5. 在您的理解中，什么是课堂生态（概念定义）？

6. 通常认为，课堂生态是对课堂状态的一种描述，也就是用生态学的视角来看课堂，这样的话，课堂生态因子包括教师、学生、课堂环境（灯光、桌椅、座位排列等物理环境和制度、文化等精神环境），您认为上述因子中哪些对教育教学是最重要或最关键的？为什么？（或者从对方上条答案中追问）

7. 您认为贵校的课堂生态情况如何（包括您自己任教的课程），存在哪些主要问题，如何解决（解决方法和路径，也就是理想课堂生态如何实现）？

8. 您觉得学生家庭对学生在职校的学习和成长有无影响，最大的影响是什么？

9. 您觉得小学、初中对学生目前的学习和成长有无影响，最大的影响是什么？

10. 您觉得社会（环境）对学生目前的学习和成长有无影响，最大的影响是什么？

11. 您觉得贵校的师生关系如何？请举例说明。

12. 您觉得贵校的学生与学生之间关系如何？请举例说明。

13. 您还有其他需要补充的吗？

附录5　教师团体访谈摘录

问：第一个问题是请各位老师来谈一谈，您现在上的课，也包括上学期，班上学生的学习情况，包括是否努力、相互合作，或者遵守纪律情况？

甲：我现在上的是专业课，学生是2020级的，一个是钱老师班，还有一个是李老师班。另外，我还上赵老师的班，是2019级和2021级两个班的心理学选修课。我觉得专业课这块还好，跟学生相处挺融洽。在学习上，有一部分学生很认真，主动学习，主动加我微信，加完了之后用微信问我，"老师看我题目做的对不对"等。原来不加微信，好像那几个学生也没有要来问我的感觉。加了微信之后，我就发现有些学生有学习的动力了。我跟其中的一个孩子聊天，他说这段时间对机械好像有兴趣了，比前段时间学得好一些了。我问他是从什么时候开始的？是不是从加了微信之后？他说是的。所以我觉得学生主动加老师微信，还是有助于学生学习的。有一部分学生是纯粹地给面子才听的，他们是班级的润滑剂，偶尔不听课，我跟他们说说笑笑也就过去了，可以活跃班级气氛。因为不是每个学生都能把这门专业课学得那么好，有差异性，所以我对他们的要求也不一样，我就是希望他们能够配合好，"骗"着他们听课。总的来说，目前跟学生相处融洽，要跟学生搞好关系，后期才能够把课上好，我是这样的感觉。

问：请教一下，加微信的同学，从比例上来说有多少？

甲：李老师班的学生加微信的比较多。当时有一个同学主动加我的，然后有五六个学生加了，后来又有学生要推荐同学给我，说有专业问题要问，也有这样加的。

……

乙：我今年带的是三个高技班的新生，并上这三个班的物理课，不知道是生源的问题还是大环境的问题，我觉得今年的新生学习兴趣不是太高，而且比较浮躁，静不下心来。上课的时候，除了讲一些专业知识，还要加入一些对他们的管理提醒。因为我在这个学期被安排的课比较少，学生每次上课基本能跟上我的节奏。

附录6　专业负责人访谈摘录

问：前面我就在了解，我们这个班是模具专业，正好您也是模具专业的负责人，请您简要介绍一下专业的基本情况，比如，什么时候开办的、学生的规模情况、师资情况、专业的特点和特色？

答：模具专业之前是江苏联合职业技术学院武进分院的一个专业，专业名称是模具设计与制造，这个专业是2017年开始办的，当初也不是学校新增的专业，是从我们跟武进电大合并以后，武进电大原来有这个专业，然后带过来，成为江苏联合职业技术学院武进分院的模具设计与制造专业，从2017年开始招生，现在每年的招生规模基本为35~40人，规模不大，为什么呢？因为从江苏联合职业技术学院的各个分院来看，这个专业在苏中、苏北地区的几个学校已经是黄牌警告专业，有几个学校已经把它停掉了。到目前为止，据我了解，整个江苏联合职业技术学院也就在苏南地区几所学校仍开设这个专业。我们之所以还在坚持，第一个原因是从招生的生源数来看，武进区的生源数还可以满足一个班的规模；第二个原因，从学校的角度来讲，不论是师资队伍，还是教学条件，我们开设专业的基础条件还是比较好的。因为我们学院有技工院校的教学，技工院校的办学体制里有模具制造专业，这个专业是我们的老牌专业，一直坚持下来，在第三批国家示范专业里也是我们的重点建设专业。通过国家示范建设以后，我们的教学条件等各方面的实力相对来说又提高了，正因为有这样的基础条件，我们想把这个专业做得更好。在师资方面，我们可以按照专业来分，师资配备基本上能够分配到约15名教师。一直到现在，这15名老师中副高以上职称的比例基本达到1/3，然后从技能等级来看，技师等级以上的比例基本达到了90%。去年暑假，我们通过人社部门专门组织专业教师进行了职业技能培训，部分老师考了设计师，还有部分老师考了高级技师，其中有几个相对年轻一点儿的教师，达到了高级工的等级。

……

问：请教您一下，抓课堂除了刚才说的亲自去听课，您还采取了其他哪些方式方法？从学院或者学校相关制度层面谈谈。

　　答：我们现在主要通过两个大赛促进教师的教学能力提升。职业院校有两个非常热门的大赛，其实是一个大赛，职业院校职业技能大赛，包括两类：一类是教学能力大赛，是课堂设计、课堂实施、课堂评价这一类的大赛；另一类是技能大赛。教学能力大赛主要面向教文化课、专业课、专业技能课等老师，技能大赛既面向学生也面向教师。我们就是从两条路走，一条路是抓好教学能力大赛，包括教学思想、教学观念的改变，教学设计、教学实施能力的提升，以及教学后续的评价能力的提升。我们学院每年会组织全体教师报名参赛，然后组队参加学校的选拔、参加常州市选拔、参加江苏省的选拔。在这个过程中，我们作为一个管理部门，会开展一些培训，培训分为两类，一类是请往年参加比赛的选手讲一讲比赛的经历，不管是获得二等奖还是一等奖，即使没获奖，也可以来讲讲，讲一讲对教学大赛的认识，再讲一讲在这个过程中的收获，让后续的人知悉应该怎么做，应该朝哪个方向努力。另一条路是我们请一些搞大赛有知名度的老师来做一次讲课，或做一次指导。

附录7　职业院校课堂生态量表

亲爱的同学：

非常感谢你参加本次调查！这是一个关于课堂情况的调查，目的在于了解我国职业教育阶段学生对实际课堂的认知和对理想课堂的认知。你所提供的信息对我们的研究将非常有价值。以下是关于问卷的一些说明：

这个问卷由一些题目组成，每个题目描述一种可能在课堂上发生的情况或课堂的特点。在每一个题目中，分为两部分：左边是你对实际课堂的认识，右边是你理想的课堂。请认真读题，并分别在左、右两列中的两部分选择项中选择一个符合你的想法的答案（在答案代号上打"√"）。答案代号为：

1＝从不如此；2＝偶尔如此；3＝有时如此；4＝经常如此；5＝总是如此

这不是测验，答案没有"正确"或者"错误"的分别，你认为怎样，就怎样选择。请对每一道题都做出回答。如果你改变了对某个答案的想法，在原答案上画个"×"，并在新答案上画"√"。

这份问卷回答大约需要20分钟。该问卷不署名，所以请你放心，你的答案仅供我们研究参考，除了研究人员，你们的老师、家长和学校都不会看到你们的答案。

交卷前，请你再一次检查你的问卷，注意不要漏填基本信息和任何一个题目的答案。再次感谢你的协助！

基本信息：_____　学校：_____　专业：_____

性别：□男　□女　　　　是否独生子女：□是　□否

年级：□一年级　□二年级　□三年级　□四年级　□五年级

父亲最高学历：□研究生及以上　□大学（专科或本科）
　　　　　　　□高中或中专　　□初中　　□小学　　□文盲

母亲最高学历：□研究生及以上　□大学（专科或本科）
　　　　　　　□高中或中专　　□初中　　□小学　　□文盲

家庭人均月收入（人均月收入＝家庭所有成员每月收入总和/家庭总人数）：

□500 元以下　　　　□500～1000 元　　　　□1000～2000 元

□2000～3000 元　　□3000～4000 元　　　□4000 元及以上

实际课堂					题目	理想课堂				
从不如此	偶尔如此	有时如此	经常如此	总是如此		从不如此	偶尔如此	有时如此	经常如此	总是如此
					合作与秩序维度（6题）					
1	2	3	4	5	1. 班级里大部分同学在学习上能够平等地合作。	1	2	3	4	5
1	2	3	4	5	2. 下课后，同学能够找到其他人讨论课后作业。	1	2	3	4	5
1	2	3	4	5	3. 如果有同学在学习上遇到困难，他/她能够找到其他同学帮助。	1	2	3	4	5
1	2	3	4	5	4. 如果有同学没有理解教师的教学，他/她能够去问同学。	1	2	3	4	5
1	2	3	4	5	5. 在课堂上，同学们更喜欢合作而不是竞争。	1	2	3	4	5
1	2	3	4	5	6. 在班级里，同学们通常能够保持安静。	1	2	3	4	5
					学生参与维度（5题）					
1	2	3	4	5	7. 在功课上，同学们会努力学习以完成老师布置的任务。	1	2	3	4	5
1	2	3	4	5	8. 在班级里，同学们非常努力学习。	1	2	3	4	5
1	2	3	4	5	9. 同学们通常知道自己在课堂上要做什么。	1	2	3	4	5

实际课堂					题目	理想课堂				
从不如此	偶尔如此	有时如此	经常如此	总是如此		从不如此	偶尔如此	有时如此	经常如此	总是如此
1	2	3	4	5	10. 同学们通常知道每一节课的学习目标。	1	2	3	4	5
1	2	3	4	5	11. 同学们能够按时完成老师们布置的作业。	1	2	3	4	5
					关系维度（3题）					
1	2	3	4	5	12. 在学校，同学与老师之间更多的是合作关系。	1	2	3	4	5
1	2	3	4	5	13. 老师与同学之间的关系融洽。	1	2	3	4	5
1	2	3	4	5	14. 老师和同学们能够相互尊重。	1	2	3	4	5
					教师参与维度（6题）					
1	2	3	4	5	15. 老师在教导学生时是耐心的。	1	2	3	4	5
1	2	3	4	5	16. 老师常常关注同学们的考试成绩。	1	2	3	4	5
1	2	3	4	5	17. 如果有同学请求，老师会耐心地解释和回答问题。	1	2	3	4	5
1	2	3	4	5	18. 在上课前，老师做了充分的准备。	1	2	3	4	5
1	2	3	4	5	19. 老师会详细地解释课本上的内容。	1	2	3	4	5
1	2	3	4	5	20. 老师欢迎同学们随时提出问题。	1	2	3	4	5

实际课堂					题目	理想课堂				
从不如此	偶尔如此	有时如此	经常如此	总是如此		从不如此	偶尔如此	有时如此	经常如此	总是如此
					教师支持维度（6题）					
1	2	3	4	5	21. 老师经常想一些新的课堂活动让同学们做。	1	2	3	4	5
1	2	3	4	5	22. 老师经常布置不同形式的作业。	1	2	3	4	5
1	2	3	4	5	23. 老师常常帮助同学制定学习目标。	1	2	3	4	5
1	2	3	4	5	24. 老师经常鼓励同学看看他们的学习方法是否有助于学习。	1	2	3	4	5
1	2	3	4	5	25. 老师常常给每个同学提供改善学习的策略。	1	2	3	4	5
1	2	3	4	5	26. 教师常常设计一些实践作业以让学生将知识运用于日常生活和以后的工作中。	1	2	3	4	5
					课堂环境（6题）					
1	2	3	4	5	27. 学习场所内（教室、实训室等）有反映企业文化、工匠精神等内容的宣传画及标识等。	1	2	3	4	5
1	2	3	4	5	28. 学校的实训室、实训工厂等设备、教具能满足同学们学习和实践活动的需要。	1	2	3	4	5
1	2	3	4	5	29. 为更好地学习技能，同学们会被安排到工厂等实训基地实习。	1	2	3	4	5

实际课堂					题目	理想课堂				
从不如此	偶尔如此	有时如此	经常如此	总是如此		从不如此	偶尔如此	有时如此	经常如此	总是如此
1	2	3	4	5	30. 教室里有足够的空间做个体和小组活动。	1	2	3	4	5
1	2	3	4	5	31. 学校的实训室、工厂等备有先进的教学设备。	1	2	3	4	5
1	2	3	4	5	32. 学校的实训室、工厂等实验、实习仪器设备台套数能满足学习需要。	1	2	3	4	5

后　记

终于可以坐下来写这本著作的最后文字了。这是一个星期六的早晨，窗外虽天气阴沉，我内心却充满"阳光"——在比较艰难地研究了近两年、写作了近一年后的收尾，预示着前面所有的努力有了一个阶段性的结果和收获，无疑是喜悦的。

还依稀记得 2019 年的初春时节，我第一次尝试申报国家社科基金项目——这一被称为课题中的"天花板"项目，过去尽管也想过申报，但从来没有行动过。为了能够增加获批的概率，我整整一个寒假几乎都在"写本子"，也记不清修改了多少次，直到申报提交截止日。"运气"不错，我申报的"打造学做共创空间：新时代职业院校课堂生态及其优化研究"在当年公布的国家社科基金立项课题名录中"榜上有名"，当时着实高兴了一阵。紧接着按照课题管理要求组织课题组成员，进一步完善计划，着手开展研究。

然而喜悦很快就被现实打了脸。面对课堂的复杂性、职业院校课堂的特殊性和课堂生态研究的前沿性，在做了基础的文献梳理后，一种无力且夹杂着挫败的感觉久久地缠绕心头、挥之不去——看似小小课堂，实则包罗万象：教育的、心理的、文化的、地理的、社会的……这样的关联因素清单还可以列得更长，不要说在这方面从事新的知识生产了，单就搞清楚这些关联领域的理论就已颇不容易。

俗话说"开弓没有回头箭"，我不由得想起当初在开题论证会上对专家们的表态：今天通过的开题报告，既是今后指导课题研究的一张"施工图"，也是我们课题组全体成员的一份"承诺书"，我们一定按照专家们的指导，努力克服研究中的困难，力争如期完成预定任务。其实细想则知，哪里有容易的研究呢——之前获批的无论是省教育规划重点课题，还是教育部人文社科基金项目，亦或是全国教育科学规划教育部重点课题等，无一不是在克服艰难中一步一步向前、最终完成研究任务而结题的。于是乎沉下心来，重拾已有的文献、查阅新的资料、添购新的书籍，一遍遍地读、一点一点地想、断断续续地写，就这样不断"重复昨天的故事"……在此过程中，我要衷心感谢指导、关心、支持课题研究的众多领导、专家和朋友们。

首先要感谢的是课题组的全体同仁们。他们是江苏省扬州旅游商贸学校王慧勤校长，江苏联合职业技术学院张家港分院朱劲松校长、姚丽霞副校长，江苏省教育科学研究院赵赟博士，江苏理工学院职业教育学部孙健博士，苏州工业职业技术学院经贸管理系周芳主任，江苏理工学院教育学院应用心理系董云英主任，江苏省邗江中等专业学校倪福疆校长，江苏理工学院教育学院党政办公室主任陈笑盈老师，江苏理工学院应用技术学院吴济慧副院长，常州机电职业技术学院李艳博士，江苏理工学院职业教育学部孙建波博士，苏州城市学院杨海华博士等。这本著作看似主要由我个人撰写，实则是大家共同努力的结果。岂不说王慧勤校长、姚丽霞校长及时提供各自学校的生动案例，也不提周芳教授、董云英博士、孙健博士共同发表课题论文，单就一次次的研讨中各位同仁所提宝贵意见以及相互碰撞所激发的智慧火花，又何尝不是本著作的最好养料和有机组成呢。

衷心感谢长期以来关心支持课题研究的领导和专家们，请允许我在此罗列部分：江苏省教育厅原副巡视员、省职教学会常务副会长尹伟民研究员，中国职教学会副会长、华东师范大学终身教授、职业教育与成人教育研究所名誉所长石伟平教授，教育部职业教育发展中心周凤华主任，江苏理工学院党委书记崔景贵教授，江苏省职教学会德育工作委员会原副秘书长李国珑女士，上海市教育科学研究院翁伟斌研究员，南京大学教育研究院吕林海教授，江苏省教育科学规划办公室张为民主任，江苏省教育科学研究院职业教育与成人教育研究所副所长陈向阳研究员，常州市教育局俞群祥副局长，常州市钟楼区委教育工委金松武副书记，常州市高级职业技术学校党委书记张伟贤研究员，《中国教育报》职教版翟帆主编，《江苏高教》杂志社副主编肖地生编审，《职教论坛》杂志社社长肖称萍编审，温州理工学院副校长孙芙蓉博士，南通大学职业教育与区域发展研究所所长邓宏宝教授，南宁师范大学国有资产与实验室管理中心主任杨满福教授，扬州市教育局职教教研室主任陈金国正高级讲师等。虽然博士毕业已多年，但我的博士生导师、南京大学教育研究院龚放教授一直关注、关心着弟子们的科研，并且身体力行示范着"诚朴雄伟、励学敦行"的南大校训，激励着我们在学术研究的道路上执著前行，也就不时会在"共同体"群里传出成员们取得的一个又一个成果的喜讯，让我也悄无声息地再次受教，在此表示深深的谢意。

特别感谢接受我访谈调研的职业院校的领导、老师和同学们，此时我很想把你们的姓名一一列出，但囿于当初"保密"的承诺，我只能把你们对我课题研究的帮助铭记于心——没有你们的支持课题研究任务就不可能完成，当然也就更不会有本著作的问世。

感谢我的研究生郑捷、孙凤凤、肖依晨等同学，访谈录音的整理、访谈文本的转录和校对、本著作初稿的排版以及参考文献的核实等诸多琐碎而不可或缺的事务都是由她们完成的。

在课题研究过程中，参阅了众多的文献资料，我们也竭尽所能地在文中按照规范要求一一进行了标注，在此对所有文献作者表示感谢——没有你们前期卓越的先行研究，就不可能有我们后续的点滴收获。由于我们视野和能力所限，很有可能挂一漏万，对此缺陷在此深表歉意。

本著作的出版得到江苏理工学院省重点学科"教育学"学科建设经费资助，在此一并致谢。

行文至此，眼见着关于新时代职业院校课堂生态的课题研究可以告一段落了，但勃勃生机的中国现代职业教育发展正如火如荼，我们热切期盼着明天的课堂生态、职教生态、社会生态更好。

李德方
2023 年 3 月 25 日于龙城寓所